AS ARTES DA PALAVRA

Fac-símile da primeira página do manuscrito de
"O guardador de rebanhos", de Alberto Caeiro (Fernando Pessoa).

AS ARTES DA PALAVRA

elementos para uma poética marxista

Leandro Konder

Copyright desta edição © Boitempo Editorial, 2005

Coordenação editorial:	Ivana Jinkings
	Aluizio Leite
Assistente:	Ana Paula Castellani
Revisão:	Daniela Jinkings
	Leticia Braun
Editoração eletrônica e tratamento de imagens:	Raquel Sallaberry Brião
Capa:	David Amiel
	sobre *Merz 199*, de Kurt Schwitters, 1921
Coordenação de produção:	Juliana Brandt
Assistência de produção:	Livia Viganó

CIP-BRASIL. CATALOGAÇÃO-NA-FONTE
SINDICATO NACIONAL DOS EDITORES DE LIVROS, RJ.

K85a
Konder, Leandro, 1936-
As artes da palavra : elementos para uma poética marxista / Leandro Konder. - São Paulo : Boitempo, 2005
112p. - (Marxismo e literatura)

ISBN 978-85-7559-066-9

1. Crítica. 2. Leitura - Aspectos sociais. 3. Comunismo e literatura. I. Título. II. Série.

05-1719.

CDD 801.95
CDU 82.09

É vedada a reprodução de qualquer
parte deste livro sem a expressa autorização da editora.

1ª edição: junho de 2005
2ª reimpressão: abril de 2025

BOITEMPO
Jinkings Editores Associados Ltda.
Rua Pereira Leite, 373
05442-000 São Paulo SP
Tel.: (11) 3875-7250 / 3875-7285
editor@boitempoeditorial.com.br | boitempoeditorial.com.br
blogdaboitempo.com.br | youtube.com/tvboitempo

Sumário

Introdução – O APRENDIZADO PERMANENTE DA LEITURA 7

Primeira parte – INTRODUÇÃO AOS GÊNEROS LITERÁRIOS

    PARA LER POESIA 13

    PARA LER ROMANCES 23

    PARA LER TEATRO 35

    PARA LER ENSAIOS 41

    PARA LER CRÔNICAS 45

    PARA LER CARTAS 51

Segunda parte – QUESTÕES ESTÉTICAS E CRÍTICAS

    ANOTAÇÕES SOBRE O REALISMO 59

    O REALISMO NOS ROMANCES DE BALZAC 75

    REALISMO EM FERNANDO PESSOA? 93

Conclusões 103

Obras do autor 107

Nota biográfica 109

Ilustração de Gustavo Doré para *O engenhoso fidalgo Dom Quixote de La Mancha*. No primeiro capítulo do primeiro livro, Dom Quixote perde o juízo por causa da leitura dos livros de cavalaria.

Introdução

O APRENDIZADO PERMANENTE DA LEITURA

Sabemos hoje que não existe uma única leitura correta, e sabemos, portanto, que outras leituras, diferentes da nossa, divergem do nosso ponto de vista, mas nem por isso devem ser consideradas equivocadas. Cada um de nós faz a sua leitura. E cada leitor, interpretando o que lê, "completa" a seu modo o texto lido.

Em certo sentido, o leitor se torna co-autor do que vai lendo. Por que uma determinada interpretação deveria ser privilegiada e considerada a única legítima? Mesmo aquele que escreveu alguma coisa (e que tem, portanto, a maior intimidade com aquilo que escreveu) não tem o direito de supor que a sua opinião sobre o que está escrito é a única válida e de dispensar as demais.

O êxito alcançado pelos conceitos de *ideologia*, de Marx, e de *inconsciente*, de Freud, é sintomático. Desde que se consolidou a sociedade hegemonizada pela burguesia, desde que tudo começou a girar em torno do mercado, vem se difundindo a percepção de que tanto as contradições do nosso mundo exterior como as contradições do nosso mundo interior exercem sobre a nossa representação da realidade uma influência maior do que supunham nossos antepassados, cento e cinqüenta anos atrás. Tornamo-nos superlativamente desconfiados quando percebemos que os sábios que os nossos avós veneravam eram "positivistas" (em sentido lato) e nem sequer sabiam disso.

Pagamos um preço alto, na moeda da inquietação, para não transformar nossas convicções, ao expô-las, em "verdades" definitivas, em conclusões peremptórias, em certezas científicas. E, por mais sinceros que sejamos, corremos sempre o risco de cometer na prática a feia ação que condenamos na teoria. Quem nos pode garantir que não estamos confundindo o particular com o universal? Quem pode nos assegurar que o nosso ponto de vista está em sintonia com o interesse econômico-político da sociedade como um todo, e não está subterraneamente comprometido com o interesse de determinada classe social, a burguesia? Quem é capaz de manter uma linha de conduta e construir um discurso inteiramente imune a impulsos libidinais e/ou agressivos? E quem pode dar caução à nossa certeza de que nossos impulsos correspondem não só a desejos e irritações pessoais, mas também a direitos compatíveis com as necessidades da nossa sociedade?

Nas páginas que seguem, o leitor não encontrará nenhum tipo de "orientação" para se mover no universo da literatura. Seria uma incoerência constrangedora: o autor explicita sua perspectiva, sublinha o fato de que ela é pluralista, antidogmática, e, em seguida, encastelado numa posição doutrinária, dispõe-se a guiar os leitores pelos caminhos de uma leitura "correta" (a dele). Não, não pretendo lhes impingir uma leitura "correta". Isso não quer dizer que pretendo não ter convicções. Acredito ser praticamente impossível viver sem convicções. Todos acreditamos em alguma coisa. Até para descrer é preciso crer: quem não acredita crê que não está acreditando. Se não fosse a força desse crer numa descrença particular, o não acreditar em nada equivaleria a acreditar em tudo.

Não procuro disfarçar as coisas em que acredito. Assumir as próprias convicções, cotejá-las com as convicções alheias, é um princípio básico do diálogo. Só existe diálogo onde há divergências, discordâncias. Se todos concordam, o pensamento só pode ser reiterativo, repetitivo, padronizado.

O verdadeiro desafio não consiste, para um pesquisador, em elevar-se a uma perspectiva universal, abandonando suas raízes na singularidade, sua dimensão ineliminavelmente particular. Por ser inviável, essa operação resulta sempre em mistificação. O desafio é outro. O pesquisador, o crítico, o sujeito que trabalha na construção do conhecimento, em suma, procura enriquecer seu quadro de referências, tornando-o o mais universal possível. E é por fidelidade a esse esforço de universalização que o sujeito não pode deixar de levar em conta aquilo que ele – com sua particularidade – está sempre inovando, inventando, modificando, suprimindo ou acrescentando na realidade constituída.

Como a realidade constituinte (a práxis dos sujeitos particulares) poderia ficar de fora de uma universalidade absoluta, encerrada na figura de uma realidade constituída?

É em nome do próprio programa de fidelidade à realidade objetiva que somos obrigados a reconhecer a subjetividade em toda a força da sua... objetividade.

A arte é um terreno pouco adequado para imponentes e rigorosas fortalezas teóricas, porém os sentimentos e as sensações fortes conseguem se expressar em discursos compatíveis uns com os outros e exigem "negociações" com a teoria. Além disso, na arte, a universalidade do objeto particular (a obra de arte) não pode se desenvolver fora do objeto, isto é, o conhecimento sensível obtido pela arte não comporta uma separação entre o "fenômeno" (singular) e o "universal" (a lei). O universal está embutido no objeto singular, ou não está em parte alguma.

Por onde quer que eu me disponha a caminhar, os dilemas da estética me acompanharão. O campo da estética é vasto demais: a palavra vem do grego, *estesia* (sensação). Abrange o belo e o não-belo, o agradável e o não-agradável. Só escaparei à estética quando não tiver mais sensação alguma. Quer dizer: quando estiver morto.

Enquanto estão vivos, os seres humanos fazem escolhas, tomam decisões, iniciativas. E tentam se conhecer melhor. Perscrutam o que os outros fazem, o que eles sentem e pensam. Cotejam o que vêem, o que ouvem, com o que os outros dizem e manifestam. Cria-se, então, uma demanda, à qual corresponde a velha e sempre saudável prática da conversação. Dizem que atualmente as pessoas estão conversando menos; o hábito de se colocar em estado de passividade hipnótica à frente da televisão teria, segundo alguns críticos, danificado a arte de conversar.

Pode ser que os seres humanos andem conversando menos, mas ainda conversam. E as páginas seguintes são, afinal, a tentativa de iniciar uma conversa. Na realidade, eu as escrevi como um leitor que sente necessidade de trocar idéias com outros leitores. Revisitei os problemas e os tesouros da poesia, do romance, do ensaio e da crônica, formei algumas convicções, deixei-me envolver por algumas dúvidas. Como professor do Departamento de Educação da PUC-Rio, tive, durante todo o tempo, a esperança de contribuir para que os meus alunos abrissem veredas no campo da educação, para uma circulação mais generosa do pensamento, por meio de debates e leituras.

A estagnação enfraquece a capacidade de pensar de maneira crítica (e autocrítica), a passividade entorpece o espírito criador. Ler não é mera decifração de letras e de palavras. Não é uma operação mecânica. Por meio da leitura os seres humanos podem se encontrar, podem assimilar algo das experiências dos outros. Minha experiência pessoal me ensinou que jamais aprenderei a ler tão bem quanto necessitaria. O aprendizado da leitura não cessa jamais.

Quem lê poesia, romances, peças de teatro, ensaios, crônicas, de fato está lendo a vida. Aprender a ler, então, é como aprender a viver: não termina nunca.

Esta obra registra reflexões sobre poesia, romance, ensaio, crônica e cartas. Meu objetivo, ao escrevê-las, não foi propor uma nova poética; no máximo alguns elementos para ela. Também não pretendi elaborar uma nova teoria dos gêneros literários; sem fetichizar os diferentes gêneros, achei que, numa abordagem filosófica inicial das artes da palavra, algumas observações a respeito de cada gênero seriam oportunas.

Revisitados alguns dos gêneros mais notáveis da expressão literária, visei reabrir a velha discussão sobre um conceito crucial da estética: o do realismo. Sem alimentar a ambição de lançar uma nova teoria, busquei relembrar, rapidamente, como convém a um texto introdutório, algumas das teorias do realismo já existentes e que circulam entre os estudiosos da literatura. Por fim, analisei o realismo nos romances de Balzac, tarefa que não me pareceu difícil, porque Balzac é, por assim dizer, um escritor que exibe orgulhosamente suas características realistas. E analisei a poesia de Fernando Pessoa, procurando nela – com dificuldades consideráveis – algo que pudesse ser chamado de realista. Lendo o meu texto dedicado ao poeta português, os leitores dirão se fui convincente ou não.

primeira parte

INTRODUÇÃO AOS GÊNEROS LITERÁRIOS

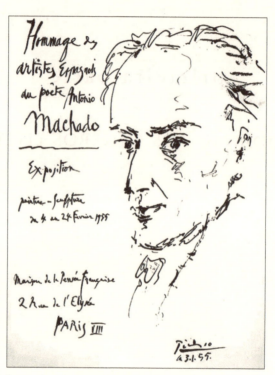

Cartaz, de Pablo Picasso, para a exposição em homenagem a Antonio Machado (Paris, 1955).

PARA LER POESIA

Por que, atualmente, quase não se lê poesia?

As pessoas dão respostas variadas a essa pergunta. Algumas leram poemas no passado, depois se desinteressaram, acharam outras leituras mais atraentes. Outras dizem: "poesia não faz o meu gênero, nunca fez". Há ainda quem se diz "traumatizado" por versos chatos de leitura obrigatória nos tempos da escola. E há leitores que alegam ter feito tentativas fracassadas, que estranharam o "artificialismo" da linguagem, o "constrangimento" das rimas etc.

Haveria muito a dizer a respeito dessas alegações. Mesmo respeitando o gosto dos recalcitrantes, seria possível lhes apresentar réplicas que merecem alguma atenção. Antes de mais nada, lembremos que a necessidade humana de se expressar poeticamente é muito antiga. A linguagem poética é anterior à linguagem em prosa, que veio mais tarde, com todas as suas complicações, conexões, conjunções etc. O fato de que ela venha durando há tanto tempo – milênios! – não sugere que a poesia corresponde a uma demanda profundamente enraizada na alma dos seres humanos?

A poesia pode, como as artes em geral, desempenhar papéis variados, funções diversas (de entretenimento, terapia, "propaganda" etc.). Atualmente, há um consenso em torno da idéia de que ela é uma forma de conhecimento. Merquior escreveu certa vez:

> Se há um ponto em que decididamente concordam as mais opostas teorias estéticas de hoje (por exemplo, a estética de Heidegger com a de Lukács), é na aceitação comum da arte como forma de conhecimento.[1]

---

[1] José Guilherme Merquior, *Razão do poema* (Rio de Janeiro, Civilização Brasileira, 1965), p. 197. Cf. também *Astúcia da mimese* (Rio de Janeiro, José Olympio, 1972).

As controvérsias proliferam quando se trata de determinar quais são as peculiaridades desse conhecimento artístico e poético.

A poesia tem trazido para os homens elementos sensíveis preciosos para eles se conhecerem melhor, para um incessante *descobrimento* – e uma constante *invenção* – de si mesmos. Os homens existem criando, inovando, surpreendendo. Há algo de espantoso na criação como tal. As pessoas se perguntam, naturalmente: como algo que não existia antes passou a existir? E há algo de espantoso no fato de que essa criação seja a criação de nós mesmos, da nossa realidade.

Na compreensão dessa realidade, que é infinita, algo sempre nos escapa. Jamais conseguiremos enquadrar o real nos nossos esquemas explicativos. A poesia tem a vantagem de nunca ser um esquema explicativo.

Já ouvi pessoas tentarem justificar o fato de não lerem poesia como uma conseqüência da má sorte, que as levou à leitura de maus poemas. É uma alegação frágil. Não conheço nenhum apreciador de cinema que tenha visto uma série de filmes ruins e tenha desistido de se deleitar com a sétima arte. Também já escutei quem se queixava de, no passado, ter esperado muito da poesia e ter se decepcionado com o que recebeu. É possível, contudo, que a culpa pela decepção esteja naquele que exorbitou na sua "cobrança".

O poeta Carlos Drummond de Andrade já se defendia das cobranças exageradas, assegurando ao leitor que seu verso era bom, o ouvido do leitor é que havia entortado.

Não tem sentido pedirmos demais à poesia ou alimentarmos expectativas exageradas em relação à sua eficácia. A poesia não nos traz soluções mágicas para os nossos problemas. Merquior, no auge da sua aproximação com Lukács e com o marxismo (por volta de 1963), chegou a escrever que a poesia transforma os temas em problemas, lançando luz sobre situações humanas que desafiam a nossa compreensão. Vale a pena citá-lo: "No processo histórico de formação de uma nova práxis, os temas se transformam em problemas"[2]. E: "O problema é a forma literária de conhecer o mundo pela práxis. Pois não é a práxis o que de fato enfrenta o mundo para superar a alienação?"[3].

---

[2] José Guilherme Merquior, *Razão do poema*, cit., p. 192.

[3] Ibidem, p. 193.

A palavra poesia é usada no cotidiano com um sentido amplo e vago, que se presta a alguma confusão. Poesia aparece como qualquer manifestação de uma beleza difusa: manifestação que pode ser tanto uma qualidade como um defeito (dependendo do juízo de quem avalia o que é tido como "poético", se o considera "pouco prático" ou "delicado", "encantador"). Mesmo quando é a expressão de uma avaliação positiva, o adjetivo "poético" pode se prestar a um obscurecimento do significado da poesia como arte, como gênero literário, como procedimento mimético.

Há um poeminha gracioso do poeta espanhol Gustavo Adolfo Becquer: "Que es poesia? Dices, mientras clavas/ em mi pupila tu pupila azul./ Que es poesia? Y tu me lo preguntas?/ Poesia – eres tu". O poeta, fascinado pela beleza dos olhos azuis que a moça está cravando nele, ao perguntar-lhe o que é poesia, declara-lhe, galante, que poesia é ela. De fato, sem contestar a legitimidade do galanteio, devemos reconhecer, num nível mais sóbrio, e conceitualmente mais exigente, que poesia não é a moça, mas o que o poeta escreveu sobre ela.

A busca de uma conceituação precisa não é uma exigência pernóstica, mas uma preocupação – derivada do compromisso que a consciência crítica é levada a ter – com o resgate de possibilidades que a poesia nos proporciona de termos acesso a um conhecimento peculiar da condição humana.

O que a poesia nos possibilita – e só ela pode nos possibilitar – é, na linguagem, uma melhor compreensão dos nossos sentimentos por meio da comparação com os sentimentos dos outros; e uma melhor compreensão dos sentimentos dos outros por meio da comparação com os nossos sentimentos.

Ninguém pode pretender ser "objetivo", "científico", nessa comparação, já que entre os sentimentos que serão comparados estarão sempre os sentimentos do próprio comparador.

A poesia me proporciona a descoberta de alguns dos meus sentimentos possíveis. Ela pode ampliar para mim o campo da minha capacidade de sentir coisas novas.

Todas as áreas das ciências humanas e das ciências sociais, em geral, têm muito a extrair da poesia. Com muitos anos de trabalho no campo da educação, surpreendo-me com o escasso aproveitamento da poesia na contribuição que os educadores poderiam dar à formação da autoconsciência dos educandos.

A experiência tem mostrado que, se não ampliamos o campo daquilo que sentimos (ou que podemos sentir), nossa capacidade intelectual fica prejudicada, nossa racionalidade se deforma. Ou o sensível e o racional se apóiam mutuamente ou ambos sofrem prejuízos.

A poesia desempenha um papel fundamental nessa ajuda mútua da razão e da sensibilidade: como linguagem que é, contribui para o exercício da auto-disciplina da razão; como intuição, inspiração, "iluminação", ela promove o aguçamento da sensibilidade.

Para enfrentar o desafio com que se defronta, o poeta precisa de uma linguagem que escape às comunicações utilitárias do cotidiano. Não necessariamente pelo uso de rimas (que não é obrigatório, e não deve ser visto como uma característica essencial da linguagem poética, em geral). O que caracteriza a linguagem poética é o fato de que – ainda recorrendo a uma expressão de Merquior –, para ela, "a carne da palavra é tão importante quanto o seu sentido"[4].

A linguagem do poeta não é a das comunicações e informações: é a da expressão – às vezes desconcertante – da extrema diversidade da condição humana. Existe nela algo de misterioso. Compreende-se que o poeta espanhol García Lorca tenha dito: "Todas as coisas têm um mistério e a poesia é o mistério que todas as coisas têm". Compreende-se que o poeta alemão Friedrich Novalis tenha escrito: "a poesia é a religião original da humanidade".

Não é casual que os grandes livros religiosos tenham uma linguagem poética. A Bíblia ensina: "No princípio, era o Verbo".

Alguns leitores aceitam a linguagem bíblica, mas estranham a linguagem poética, acham-na esquisita. Comparam-na com a "objetividade" da prosa e indagam para que ela serve, qual a necessidade de alguém se expressar assim.

Quando os ouço argumentar, tenho vontade de fazer algumas perguntas: não lhes parece que o discurso tradicional das autoridades é bem mais esquisito que a linguagem dos poetas? Não lhes parece que a retórica do comando, tão clara, tão sem ambigüidades, é bem mais perturbadora do que a poesia? O que é mais grave: o artificialismo (?) da linguagem poética ou a banalização da linguagem, em seu uso desatento, displicente, tal como o vemos, oferecido em espetáculo na TV?

---

[4] José Guilherme Merquior, *Astúcia da mimese*, cit, p. 3.

Nas condições em que vivemos, num tipo de sociedade que gira em torno do mercado, tudo tende a virar mercadoria, tudo tende a ter um preço, os valores intrinsecamente qualitativos são diariamente bombardeados por um sistema pragmático, utilitário. Como escreveu o poeta espanhol Antonio Machado, "todo necio/ confunde valor y precio".

A poesia é um movimento de resistência dos valores qualitativos. Pelo simples fato de continuar a existir, ela trava uma "guerra de guerrilhas" contra o princípio (que nos está sendo imposto, na prática) da "vendabilidade universal". Com sua natural atenção às diferenças, com sua abertura para as singularidades, a poesia complica o que tem de ser complicado, relativiza o que tem de ser relativizado. E faz isso para salvar o que tem de ser salvo.

Do ponto de vista do emissor, a poesia, em sentido lato, pode tender a se manifestar predominantemente na fala de um "ele", na terceira pessoa, na epopéia; na fala de um "tu", na segunda pessoa, na poesia dramática (que pede a encenação), ou na fala de um "eu", na primeira pessoa, na poesia lírica. Convém advertir, no entanto, que esse eu, que tem na poesia lírica seu lugar garantido, possui características especiais. De que eu se trata? O poeta só consegue "se dizer" quando leva aos outros algo que é pessoal, mas que também interessa a eles, quer dizer, tem universalidade. Não é, portanto, o eu do egocentrismo. Não é o pequeno eu do consumidor voraz, inflado pela exaltação que lhe fazem as empresas de publicidade.

O ensaísta e poeta mexicano Octavio Paz escreveu que a poesia não alimenta a vaidade do eu, porque o põe sob a disciplina da linguagem: "el ejercicio de la poesía exige el abandono, la renuncia al yo"[5]. Para expressar sua experiência vivida de modo a sensibilizar seus leitores, o poeta não pode se limitar a falar do seu eu empírico: precisa falar do seu eu "condensado".

Vale a pena lembrar, aliás, que Ezra Pound observou que em alemão poesia é *Dichtung,* substantivo que corresponde ao verbo *dichten,* que significa "condensar". A linguagem poética, então, seria uma condensação da experiência, envolvendo simultaneamente elementos intelectuais e emocionais.

Os elementos emocionais e sentimentais são fundamentais, mas não é com

---

[5] Octavio Paz, *Los signos en rotación y otros ensayos* (Madrid, Alianza, 1971), p. 165. [Ed. bras.: *Signos em rotação*, São Paulo, Perspectiva, 1996.]

eles que a poesia se elabora. Por mais sinceros que sejam, eles se derramarão na inocuidade estética do sentimentalismo se não forem articulados por um pensamento criador. É pelo caminho do artifício que o poeta consegue ser convincente na criação do efeito do natural. Entre a espontaneidade absoluta e a eficiência do fingimento, Fernando Pessoa não vacilou: observou que o poeta "é um fingidor./ Finge tão completamente/ que chega a fingir que é dor/ a dor que deveras sente"[6].

Um texto poético tem distintos níveis de leitura. Quem se contenta com uma primeira impressão, passiva, sem verificar se não lhe caberia certo esforço de decifração, pode estar perdendo a oportunidade de ser premiado com uma pequena sorte grande. Pode estar saindo do restaurante após comer o acompanhamento, sem tocar no prato principal.

Podemos, por analogia, retomar na leitura dos poetas a distinção estabelecida por Freud entre o conteúdo manifesto e o conteúdo latente dos sonhos. Adaptando-a à poesia, podemos falar no conteúdo manifesto e no conteúdo latente de alguns poemas. O primeiro é aquele que nos vem em versos transparentes; o segundo é o que passa pelas entrelinhas.

Essa diferença no tipo de conteúdo não significa necessariamente que um deles deva ser sempre superior ao outro. Nosso objetivo, ao mencioná-la, é advertir que devemos ficar atentos para as diferenças entre os poemas: poemas distintos pedem leituras distintas.

Assim, o leitor tem de ficar atento à diversidade dos temas, dos estilos, das épocas, dos idiomas, das inclinações políticas, da condição social e das perspectivas filosóficas dos autores. Há diferenças, contudo, de outro tipo, existentes entre os melhores momentos e os menos bem resolvidos nas obras dos poetas: as diferenças entre a poesia que acolhe a pessoa do poeta e recebe esclarecimentos provenientes da sua biografia; e a poesia que não precisa de informações biográficas para ser apreciada.

A pessoa do autor interessa na exata medida em que contribui para elucidar alguma coisa importante relativa à obra. A poesia é que confere interesse ao poeta. Mesmo que o mundo do poeta seja, afinal, o nosso mundo, reconhecido

---

[6] Fernando Pessoa, *Obra poética*, org. Maria Aliete Galhoz (Rio de Janeiro, Nova Aguilar, 2001).

como tal, ele aparece nos poemas mimeticamente recriado, transfigurado; e seu interesse passa a ser maior que o das vicissitudes pessoais que eventualmente partilhamos com os poetas.

A poesia não é um movimento escapista, de fuga para outro mundo. O conhecimento que nela se realiza permanece sempre imanente. Cada poema traz em si, de algum modo, a marca das condições históricas em que foi elaborado.

Goethe chegou a afirmar que todo poema era "de circunstância". Se a frase fosse interpretada como negação do poder de perdurar da poesia, se ela afirmasse que toda criação poética tem uma existência fugaz, estaria certamente equivocada. O que Goethe nos diz, entretanto, é que a universalidade alcançada na viagem do autor ao leitor, no caso da poesia, preserva algo da singularidade, do *hic et nunc* do momento da criação do poema.

Por que o poema bem-sucedido tem esse poder? Essa é uma das questões cruciais da estética. Poderíamos dar uma resposta sucinta: porque ele ganha na linguagem uma densidade significativa especial. Com o tempo, os poemas se articulam num movimento de vocação dialógica, que nos incita a rever e a ampliar nossa apreensão da realidade humana como um *todo* (ainda que inesgotável).

De fato, quem mergulha mais fundo no universo da poesia percebe que ele existe sendo constituído por um imenso diálogo entre os poetas. O discurso feito por determinados poetas em determinados poemas pode ser *monológico* (como diria Bakhtin)[7]; mas esse "monologismo" precisa ser avaliado com muita precaução.

A linguagem poética pode assumir características impositivas, pode dar a impressão de que o poeta ignora a possibilidade de que seu ouvinte (ou leitor) tenha razões próprias para pensar (ou sentir) diferentemente dele. Mas – atenção! – o tom impositivo pode ser a expressão de um sentimento forte que se sabe, no entanto, comprometido com circunstâncias momentâneas.

Na prosa, a linguagem é predominantemente denotativa; na poesia, cresce a importância das conotações. Na prosa, aquele que fala (ou escreve) se empenha em ser fiel a um código objetivamente adequado à comunicação com os

---

[7] Mikhail Bakhtin, *Problemas da poética de Dostoiévski* (Rio de Janeiro, Forense Universitária, 1981).

outros. A linguagem poética é alusiva, injeta imaginação no código, submetendo-o a situações surpreendentes, sempre um tanto diferentes daquelas para as quais ele foi criado.

Quando um sujeito diz "estou morrendo", ele pode estar simplesmente passando para seu médico ou para seus familiares uma informação dramática. Se a frase for dita por um poeta apaixonado que procura comover sua amada, entretanto, "estou morrendo" significa outra coisa; significa que ele está dramatizando o que sente, tentando comover a pessoa que ama.

A exatidão e a objetividade da prosa permitem que o sujeito se imponha na sua linguagem. A poesia, independentemente do que dizem muitas vezes os poetas em tom categórico, relativiza o monologismo (condicionando sua expressão, que anseia por se eternizar, a um instante subjetivo, fugaz).

A poesia compõe um quadro polissêmico, infinitamente diversificado, no qual todos os poetas falam, e – mesmo quando se ignoram – mandam recados uns aos outros, interpelam uns aos outros. Expressam-se, enfim, *dialogicamente*[8].

Por mais que, instalados cada um em sua singularidade, os poetas se sintam solitários, dispostos a preservar sua identidade altamente peculiar, e possam sublinhar sua originalidade, observando as diferenças que os separam uns dos outros; por mais que sejam efetivamente sujeitos pulverizados, cada um expressando seu eu, os poetas, na incomensurável diversidade de suas falas, constituem não um coro – com suas harmonias tão disciplinadas! –, mas um quadro de intercâmbio e colisão de discursos, uma justaposição quase caótica de falas, resultando, entretanto, num diálogo surpreendente, revelador de uma discussão indireta que ninguém sabia estar sendo travada.

Os poemas, no seu conjunto, mostram a realidade da proliferação dos *eus*, porém apontam também para o sonho de um "nós", quer dizer, de uma comunidade que não dissolve os indivíduos, destruindo-lhes a autonomia, mas, ao contrário, por meio da solidariedade, pode fortalecê-los na independência de cada um.

Só quem mergulha no mundo da poesia, só quem lê os poetas, pode extrair

---

[8] Para uma interessante interpretação, diferente da minha, recomendo a leitura de *Entre a prosa e a poesia: Bakhtin e o formalismo russo*, de Cristóvão Tezza (Rio de Janeiro, Rocco, 2003).

dessa aventura a efetiva compreensão da riqueza desse diálogo. Mesmo porque o diálogo entre os poetas depende da colaboração e da complementação dos leitores; depende da sensibilidade do leitor para promovê-lo, para encená-lo.

A poesia é, de fato, um gênero árduo, que exige muito do poeta, mas também exige muito do leitor: exige que o leitor se esforce para "receber" o poeta (o Outro) de maneira a poder assimilar o que ele lhe traz, "traduzindo-o" ou "recriando-o" na sua linguagem pessoal. Quer dizer: a poesia exige do leitor que ele libere ou crie e desenvolva a parte de poeta que precisa existir nele.

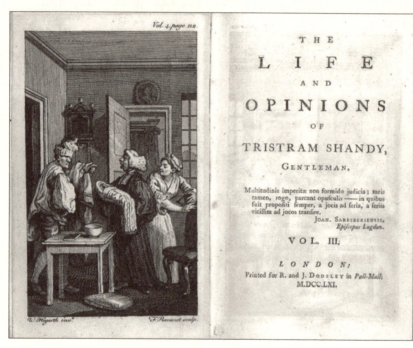

Frontispício do terceiro volume de *Tristram Shandy*, com ilustração de William Hogarth (Londres, 1760).

PARA LER ROMANCES

Temos, diante de nós, uma questão preliminar: o que é um romance?

O romance, como gênero literário, existe desde a mais remota antiguidade, como sustenta Mikhail Bakhtin? Ou é uma criação recente, um tipo de narrativa que expressa a ascensão da burguesia e o processo da organização e da consolidação da sociedade capitalista, como afirma Georg Lukács?

As duas leituras são razoáveis, podem ser sustentadas com bons argumentos. Bakhtin diz que determinados escritos antigos podem ser classificados como romances, e, em todo caso, não deveriam ser ignorados pelos estudiosos da história do romance. E Lukács retruca que, ainda que venha a ser reconhecida a classificação desses escritos como romances, eram fenômenos isolados, não havia nenhuma continuidade no aparecimento deles, ou seja: não compunham uma história.

Bakhtin é um autor russo que recentemente foi redescoberto e revalorizado. Suas idéias estéticas e seus ensaios de crítica literária dedicados às obras de Rabelais e Dostoiévski despertaram enorme interesse[1].

Um dos conceitos de Bakhtin que produziram maior impacto foi o de polifonia. No ensaio sobre Dostoiévski, ele observa que uma das características fascinantes da vigorosa narrativa dostoievskiana está em sua extraordinária capacidade de abrir espaço para as diversas vozes dos personagens, para a expressão de seus diversos pontos de vista.

---

[1] Mikhail Bakhtin, *Problemas da poética de Dostoiévski*, cit.; idem, *A cultura popular na Idade Média e no Renascimento: o contexto de François Rabelais* (3ª ed., São Paulo, Hucitec, 1996).

Outra contribuição importante de Bakhtin à reflexão sobre o romance está em sua recusa de considerar excluídas do gênero as obras anteriores à formação e à consolidação da sociedade hegemonizada pela burguesia.

Bakhtin lembra narrativas que, não sendo epopéias, nem textos líricos ou dramáticos, deveriam ser consideradas romanescas. Entre elas, *A etíope*, de Heliodoro, *As aventuras de Leucipa e Clitofon*, de Aquiles Tácio, *As aventuras de Queréas e Cabirroé*, *As efesianas*, de Xenofonte de Éfeso, e, mais famosas, *Daphne e Chloé*, de Longino, *O asno de ouro*, de Apuleio, e o inesquecível *Satiricon*, de Petrônio.

Muitas objeções poderiam ser formuladas contra a classificação dessas narrativas como romances. Os escritos de Bakhtin, entretanto, têm o mérito de questionar um vínculo excessivamente imperioso estabelecido entre romance e burguesia. Além disso, o ensaísta russo nos ajuda a lembrar que a longa preparação histórica da criação do romance beneficiou-se da assimilação de riquezas literárias provenientes de diversas fontes, desde a deliberada "falta de seriedade" das comédias e das sátiras menipéias até os valentes diálogos de Luciano de Samosata.

A gênese do romance como gênero se realizou, certamente, num processo complexo. E, para complicar ainda mais as coisas, as primeiras obras denominadas romances na realidade não eram romanescas.

A palavra romance vem do advérbio latino *romanice*. Na Idade Média, o latim era a língua da cultura, o idioma dos intelectuais, dos clérigos, da Igreja. Os iletrados é que não falavam latim e se expressavam nos dialetos vulgares que viriam a ser as línguas neolatinas. Os iletrados falavam *romanice*.

Os intelectuais escreviam em latim, uns para os outros. O povo não sabia ler nem escrever. Por isso, ninguém escrevia *romanice*. Compreende-se, então, que tenha surgido para um público "popular", marcado pela presença de peregrinos e mulheres, uma literatura oral.

Era uma literatura que não nascia no papel e não era feita para ser lida, e sim para ser declamada e ouvida. Nada mais natural, por conseguinte, que essa literatura *romanice* se servisse de versos, que ajudavam o declamador a decorar as composições, além de produzir belos efeitos sonoros, capazes de impressionar o público. Os "romances" medievais, então, não eram romances, no sentido moderno do termo: eram poemas. Assim, os precursores do romance, de fato, não foram os romances tal como os conhecemos hoje. O novo gênero nasceu nas condições que estão descritas pelo estudo clássico de Lukács, *Teoria do romance*, escrito durante a Primeira Guerra Mundial, antes da sua conversão ao marxismo[2].

Lukács inicia seu livro com a evocação nostálgica de um tempo feliz, uma época na qual os homens trilhavam caminhos iluminados pelos astros; o mundo era grande, mas eles se sentiam em casa; para eles tudo era novo, no entanto familiar. Não lhes parecia que sua alma corresse perigo real; não sabiam que ela poderia se perder e que precisariam buscá-la.

O romance surgiu como expressão de outras condições, de um "mundo abandonado pelos deuses". Nesse mundo contingente, os indivíduos se tornam problemáticos. Ao contrário do que se passa com outros gêneros literários, que se apóiam em formas consumadas, o romance aparece como algo que vem a ser, como um processo (*etwas Werdendes... ein Prozess*).

A teoria lukacsiana do romance exerceu (e ainda exerce) poderosa influência. Embora com freqüência divirjam dela em alguns pontos bastante significativos, muitos críticos têm retomado a análise do movimento pelo qual o inacabamento e a pluralidade de valores do romance contrastam com a forma inteiriça da epopéia. Nesta, a narrativa centra-se na trajetória de um herói que enfrenta enormes dificuldades, sofre muito, mas está destinado a vencer, porque é portador de valores que irmanam o público, o contador da história e o próprio protagonista.

No romance, a comunidade de valores se mostra muito enfraquecida, diluída pela competição exacerbada entre os indivíduos; as pessoas se sentem radicalmente solitárias. O protagonista da epopéia – que era portador de valores nos quais os outros se reconheciam – passa a ser, no romance, na melhor das hipóteses, um buscador de valores (conforme expressão de Lucien Goldmann).

Goldmann, desenvolvendo sua interpretação de Lukács, afirma que o herói do romance tem sempre certa ambigüidade; move-se na fronteira da infração, às vezes incide mesmo na delinqüência. E às vezes também tem elementos de insanidade mental: "le héros démoniaque du roman est un fou ou un criminel" (o herói demoníaco do romance é um louco ou um criminoso)[3].

---

[2] Georg Lukács, *Teoria do romance* (São Paulo, Editora 34, 2000).

[3] Lucien Goldmann, *Pour une sociologie du roman* (Paris, Gallimard, 1964), p. 17. [Ed. bras.: *A sociologia do romance*, Rio de Janeiro, Paz e Terra, 1976.]

A construção da narrativa épica levava em conta o fato de que ela seria lida em voz alta, em público. Com o romance, começa a prevalecer a leitura individual, solitária; o indivíduo fica em estado de isolamento. Havia também as leituras em família, após a ceia. Quando se emocionavam muito, recolhiam-se aos seus aposentos para chorar.

O primeiro romance que a maioria dos críticos admite ter sido o primeiro clássico do novo gênero, num consenso facilmente perceptível, é o *Dom Quixote*, de Miguel de Cervantes. É claro que seu aparecimento foi, por assim dizer, "preparado" por alguns inovadores da narrativa, como Boccacio e Rabelais, ou pelos autores das novelas picarescas[4]. Sua originalidade, porém, é inegável.

O velho aristocrata empobrecido se insurge contra as injustiças que proliferam no mundo e decide se tornar um novo cavaleiro andante, em luta contra elas. Para acompanhá-lo em suas aventuras recruta, como escudeiro, Sancho Pança, um lavrador que trabalha em suas terras. A insensatez de um faz contraponto à insensatez do outro. O livro começa com um festival de loucuras, com o patrão enfrentando moinhos de vento e o empregado acreditando que um dia será governador de uma ilha. À medida que avança na narrativa, contudo, o leitor identifica nos dois personagens características que vão muito além da maluquice. Por trás dos delírios quixotescos percebe-se uma imensa generosidade. E Sancho – surpreendentemente – acaba se tornando, durante alguns dias, governador de uma ilha, conforme Dom Quixote lhe havia prometido ao contratá-lo.

Sancho e seu patrão são ambos ambíguos, mas padecem de ambigüidades diferentes. O criador dessa dupla imortal, Cervantes, esteve preso na Espanha, acusado de irregularidades administrativas. Provavelmente descendia de judeus convertidos ao catolicismo para escapar à Inquisição (os "cristãos-novos"). Esteve vários anos no norte da África, prisioneiro de piratas, sob a ameaça constante de morrer empalado[5].

Tudo indica que a matriz das ambigüidades de Dom Quixote e de seu escudeiro era a ambigüidade do próprio Cervantes, que ao mesmo tempo queria muito estar sempre em paz com a Igreja mas não conseguia deixar de ceder à

---

[4] Ver Mario Gonzalez, *O romance picaresco* (São Paulo, Ática, 1988).

[5] Ver Americo Castro, *Hacia Cervantes* (Madrid, Taurus, 1957).

tentação do riso cético. Por um lado, era um sujeito intimidado, disposto à obediência. Por outro, nenhuma ortodoxia deveria confiar nele.

A narrativa das aventuras de Dom Quixote, publicada há quatrocentos anos, começa apresentando-o como alguém que enlouqueceu de tanto ler livros de cavalaria andante, resolveu restaurar essa instituição irremediavelmente pertencente ao passado e envolveu o quase débil mental Sancho em seu tresloucado projeto. Pouco a pouco, o leitor vai se dando conta de que foi iludido: Sancho Pança tinha sua própria sabedoria e estava longe de ser um idiota, e a maluquice de Dom Quixote funcionava como uma reação contra a maluquice – bem mais grave – do mundo.

No mundo de Cervantes as sombras do Barroco encobriam um medo generalizado, e as mudanças eram vistas com muita apreensão. O filósofo Giordano Bruno, por exemplo, condenado pela Inquisição, foi queimado vivo.

O romance enfrentou resistências, teve dificuldade para se firmar. Considerado frívolo e vulgar, assumiu a forma de um documento: uma correspondência, um conjunto de cartas trocadas entre pessoas supostamente reais. Goethe (*Werther*), Rousseau (*Júlia ou A nova Heloísa*), Tobias Smollet (*The expedition of Humphry Clinker*), Choderlos de Laclos (*As relações perigosas*), Balzac (*Memórias de duas jovens esposas*) e Samuel Richardson (*Pamela* e *Clarissa*) são alguns dos autores de "romances por cartas"[6].

Acuados pela acolhida cheia de reservas proporcionada ao novo gênero, os romancistas tentaram conferir a seus romances uma dimensão que lembrasse as antigas epopéias. Mas a forma estava gasta e o exagero do investimento feito na sua retomada teve um efeito involuntariamente cômico. Walter Scott, o primeiro campeão do romance histórico no começo do século XIX, ridicularizaria o romance *Le grand Cyrus*, de Mademoiselle de Scudéry, dizendo que, segundo seus cálculos, o herói do romance-epopéia, ao longo das sete mil páginas da narrativa, havia abatido com suas próprias mãos cerca de cem mil pessoas.

Se dermos um salto no tempo, se nos deslocarmos da época de Cervantes (do início do século XVII) para a época de Dostoiévski (segunda metade do

---

[6] Ver Georges Jean, *Le roman* (Paris, Seuil, 1971) e Albert Thibaudet, *Réflexions sur le roman* (Paris, Gallimard, 1938).

século XIX), encontraremos, ao lado das muitas e expressivas mudanças ocorridas na história do romance como gênero, elementos de continuidade, entre os quais o uso do artifício que consiste em enganar o leitor.

Esse artifício era, de certo modo, um coroamento da conquista feita pelos romancistas daquilo que poderíamos chamar de pleno direito à ficção, a consolidação da legitimidade do exercício da imaginação criadora.

Veja-se, por exemplo, o romance *Os possessos*, do escritor russo. Por trás da narrativa há uma terrível experiência vivida pelo artista. O autor havia freqüentado um círculo de socialistas formado em torno de Petrachévski. Em 1849, foi preso, considerado subversivo, mandado para a Sibéria, onde permaneceu internado durante quatro anos num campo de trabalhos forçados. De volta a uma vida "normal" (mas sempre sob controle policial), Dostoiévski fez em *Os possessos* um acerto de contas com o "lado noturno" das atividades das organizações revolucionárias na Rússia de então. E recorreu a um expediente hábil: representou um sujeito meio louco, um certo Stavrogin, que fazia estripulias e causava escândalos, porém depois, muito sem jeito, pedia desculpas. Num clube, freqüentado pelos cidadãos mais respeitáveis da cidade, Stavrogin ouve o senhor Gaganov dizer "a mim, ninguém me leva pelo nariz". Pega o cavalheiro pelo nariz e o faz dar alguns passos no salão. Numa festa de casamento, Stavrogin, num impulso surpreendente, beija a bela noiva na boca, três ou quatro vezes, na presença do noivo e de todos os convidados (a noiva desmaia).

Dostoiévski induz o leitor a sorrir. Sem que o leitor perceba, é levado pelo romancista a condenar as atitudes inconvenientíssimas do personagem, julgando-o, contudo, com indulgência, eventualmente sentindo até alguma simpatia pela sua irreverência.

À medida que a narrativa avança, entretanto, fica claro que Stavrogin é um monstro moral, um personagem repugnante. Dostoiévski iludiu seus leitores. Por quê? Provavelmente para fazê-los indagar se a indulgência que chegaram a sentir não seria um indício de que havia algo de Stavrogin em cada um deles.

Essa linguagem que os autores de romances usam com freqüência é uma forma de ironia, uma maneira de nos fazer rir de nós mesmos, um artifício literário que nos provoca e nos leva à conclusão de que somos enganados e gostamos de ser enganados.

Machado de Assis relativiza esse gostar de ser enganado, substituindo-o por uma situação na qual o leitor não sabe sequer se está sendo efetivamente enganado. No romance *Dom Casmurro*, o personagem narrador, Bentinho, se sente enganado pela esposa, Capitu, e está convencido de que o filho que ela teve não é dele, mas de um amigo que morreu afogado e com quem o menino se parece muito. Se o leitor acreditar na história que lhe está sendo contada por Bentinho, e ela for verdadeira, não estará sendo enganado, porque o enganado terá sido Bentinho. Mas Bentinho não tem uma personalidade generosa, capaz de inspirar confiança. E, se a história de Bentinho não for verdadeira, e o leitor não acreditar nela, terá sido solidário com Capitu, e não terá sido enganado. O problema está em que, ao longo da leitura, o leitor se defrontará com a dificuldade da escolha, já que Machado de Assis embaralha deliberadamente as pistas que vai fornecendo.

Esse procedimento, com o qual o escritor parece se divertir às custas do leitor, é também uma importante conquista formal do autor de romances, em comparação com os autores de epopéias, pois os compromissos do épico com os valores da sua comunidade eram sérios demais para que ele se permitisse brincar (e, brincando, registrasse e estimulasse a afirmação da autonomia dos indivíduos).

A sociedade em que vive o romancista, com suas contradições internas, só leva a sério a economia: no plano cultural, os artistas encontram facilmente espaços fragmentados para rir dos outros e até de si mesmos.

O tipo de humor cultivado por alguns romancistas é capaz de assustar espíritos conservadores com uma força maior que a de um manifesto político radical. O inglês Lawrence Sterne, em seu romance *A vida e as opiniões do cavalheiro Tristram Shandy*[7], se divertiu fazendo graças que enraiveceram seu conterrâneo Oliver Goldsmith. Sterne falou de um tio do protagonista, o tio Toby, que era militar aposentado, e que examina um mapa da região onde havia sido ferido "num lugar embaraçoso" (ferimento que lhe acarretara a aposentadoria). Uma senhora que desejava se casar com ele, mas antes queria saber em que condições

---

[7] Laurence Sterne, *The Life and Opinions of Tristram Shandy, Gentleman* (Londres, Signet Classic, s. d.), p. 521. [Ed. bras.: *A vida e as opiniões do cavalheiro Tristram Shandy*, São Paulo, Companhia das Letras, 1998.]

físicas ele poderia cumprir seus deveres conjugais, perguntou-lhe: "Em que lugar, exatamente, o senhor foi ferido?". E o tio Toby, apontando no mapa um local próximo a Namur, respondeu: "Foi aqui". Oliver Goldsmith, enervado, declarou que *Tristram Shandy* era moral e literariamente repulsivo.

Qual era, precisamente, a relação do romance com a epopéia? O que predomina nessa relação: a continuidade ou a descontinuidade?

Lukács afirmava que os romancistas ingleses do século XVIII deviam muito a Shakespeare, pois haviam aprendido com o dramaturgo a intensificar a concentração dramática dos acontecimentos. Essa abordagem mostra Lukács se distanciando do ponto de vista empenhado em sublinhar a continuidade na história do romance. Em outros momentos de sua fecunda atividade crítica, entretanto, o teórico húngaro enfatiza o parentesco do romance com o gênero épico.

Walter Benjamin, mais drasticamente que Lukács, contrapunha o romance ao gênero épico. Nos anos 1930, sem que um deles soubesse o que o outro estava pensando, ambos escreveram ensaios sobre a narrativa ("Narrar ou descrever?", de Lukács[8], e "O narrador", de Benjamin[9]). Benjamin e Lukács tinham várias coisas em comum. Lukács era comunista, Benjamin era simpatizante do comunismo. Ambos nasceram e se criaram em famílias de judeus abastados. Os dois eram críticos literários e escreviam em alemão. Lukács valorizava nos romances bem-sucedidos o predomínio da narração sobre a descrição. Para ele, a postura descritiva tendia a nivelar todas as coisas e abria caminho para a proliferação insensata de pormenores.

Benjamin achava que os grandes narradores eram figuras do passado e os romancistas exploravam outros métodos. A narrativa (cujo primeiro modelo teria sido o conto de fadas) era a expressão de um trabalho artesanal.

Lukács aplaudia os êxitos das narrações em *Ana Karenina*, de Tolstói, em *As ilusões perdidas*, de Balzac, e lamentava a postura contemplativa, descritiva, assumida por Flaubert e Zola em suas obras. Benjamin admirava um

---

[8] Georg Lukács, "Narrar ou descrever?", em *Ensaios sobre literatura* (Rio de Janeiro, Civilização Brasileira, 1965).

[9] Walter Benjamin, "O narrador", *em Obras escolhidas*, v. I (São Paulo, Brasiliense, 1985).

narrador antigo, Nicolai Leskov, e os livros surrealistas *O camponês de Paris*, de Aragon, e *Nadja*, de André Breton.

As divergências entre Lukács e Benjamin não se limitam à avaliação de romances: são discordâncias estéticas e filosóficas. Lukács sublinha a continuidade nos processos históricos, na busca da coerência. Por isso, quando sua perspectiva se modifica, ele faz uma autocrítica e um alerta, para que não se cometa o mesmo erro que ele cometeu (ou pensa que cometeu).

Benjamin desconfia radicalmente da continuidade, dispensa autocríticas, alerta para a necessidade de "escovar a história a contrapelo" e nos concita a questionar a veracidade da face que a história nos apresenta, que é uma construção ideológica, a apresentação de um cortejo triunfal dos privilegiados, daqueles que têm vencido até agora.

A enorme diversidade dos romances não poderia deixar de se refletir nessas controvérsias. Os críticos – ainda que invoquem valores éticos e políticos compartilhados e sejam legitimamente inspirados por uma mesma matriz teórica (Marx) – movem-se, com freqüência, inevitavelmente, em direções contraditórias. Essa contraditoriedade é uma expressão da contraditoriedade do universo literário dos romances.

Como gênero literário, o romance explora caminhos estéticos extremamente diversificados e possibilidades expressivas inovadoras, que muitas vezes contrastam com os padrões constituídos do gosto dos leitores e dos critérios dos críticos. Não é raro vê-lo devorar elementos criativos da experiência das obras produzidas por outros gêneros. E não é raro, também, vê-lo recriar e reanimar recursos expressivos que davam sinais de esgotamento.

Os críticos – que, no fundo, são apenas leitores ambiciosos – manifestam, em suas avaliações, preferências por romances mais radicalmente inovadores ou por romances mais cautelosamente comprometidos com a revitalização de tradições valiosas.

As divergências entre Benjamin e Lukács talvez possam ser vistas como contraposições drásticas, mas é possível, também, que nelas se manifestem modos de ver fecundos, adequados a romances de tendências distintas, concebidos a partir de concepções contrastantes, mas não totalmente desprovidos de alguns pontos de complementaridade.

Para nos limitarmos a exemplos colhidos no âmbito dos romances brasileiros, podemos nos convencer facilmente de que um crítico de tendência lukacsiana tem excelentes razões para admirar romances como *São Bernardo*, de Graciliano Ramos, ou o *Policarpo Quaresma*, de Lima Barreto, ou ainda *Agosto*, de Rubem Fonseca, e *Viva o povo brasileiro*, de João Ubaldo Ribeiro, enquanto um crítico mais próximo das preocupações de Benjamin teria condições mais favoráveis para empreender uma leitura mais aberta e mais receptiva de romances como *Grande sertão: veredas*, de Guimarães Rosa, *Marco zero*, de Oswald de Andrade, *Mongólia*, de Bernardo Carvalho, ou *O cego e a dançarina*, de João Gilberto Noll.

Isso não quer dizer que todos os romances pertençam naturalmente a uma ou a outra dessas duas correntes críticas. E não se pode inferir dessa maior ou menor disponibilidade do crítico para notar e valorizar determinadas características de determinadas obras que essas obras sejam, *a priori*, superiores ou inferiores a outras, vistas como representativas de outras famílias.

Se ultrapassarmos as fronteiras nacionais e abordarmos a produção de romancistas estrangeiros, veremos também que críticos pertencentes à mesma corrente estética podem divergir no exame de romances de autores considerados incompatíveis com os princípios teóricos adotados pela "família" do crítico. Proust e Kafka, por exemplo, eram excluídos por Lukács dos territórios do grande realismo.

Meu amigo Carlos Nelson Coutinho, entretanto, notório lukacsiano, escreveu dois ensaios que propõem uma nova leitura desses romancistas, conciliando os critérios de Lukács com uma assumida admiração pelos dois escritores.

Aplicada às obras literárias, a teoria se flexibiliza, não tanto pelas pressões geradas por um descontentamento em relação à dureza da ortodoxia, ou por força da tentação do ecletismo, mas em virtude do próprio desafio da criação literária, que nunca se deixa reduzir a explicações.

O reconhecimento da inesgotabilidade da obra de arte, contudo, não é um argumento contra a teoria. Desde que seja capaz de se autolimitar, a teoria tem bons motivos para se orgulhar de sua função – essencial – na construção de um quadro de referências cada vez mais rico, para ajudar a nos conhecermos melhor, para ajudar a compreender melhor o que fazemos (a práxis).

O romance como gênero não só se presta a discussões como também precisa delas. Como expressão mais evidente da legitimação da imaginação, da fantasia, ele incomoda o conservadorismo, enfrenta a "cobrança" de pessoas empenhadas em cotejá-lo com a realidade (para assegurar sua subordinação à "ordem"). O crítico Luiz Costa Lima tem escrito diversos trabalhos nos quais analisa os mecanismos dessa pressão hostil à ficção[10].

O crítico húngaro Ferenc Feher combate a idéia de que o romance, tendo nascido com a burguesia, deverá morrer com ela, na medida em que for edificada a sociedade futura. Feher adverte que a burguesia criou, com o capitalismo, a primeira sociedade puramente social, na qual, com o recuo das barreiras naturais, vão desaparecendo todos os elementos de comunidades orgânicas. É uma discussão interessante, que envolve, por meio da sobrevivência do romance, toda a concepção marxista da história[11].

O vínculo entre a história do romance e a história da burguesia é uma relação de causa e efeito? Se é, os romances não passam de subprodutos inúteis de ecos insignificantes da história econômica. E, se não é, os romances passam a ser vistos como frutos desenraizados de uma história sem sentido. Rejeitadas tanto a teoria que reduz história a um movimento objetivo, regido por uma necessidade cega, como a teoria que fetichiza o papel dos sujeitos individuais na história, surge uma terceira posição, que admite que a história é feita por sujeitos em condições objetivas, porém os sujeitos que fazem a história são indivíduos especiais, líderes, campeões das classes dominantes. A ideologia que invocava o sangue azul dos nobres é substituída pela ideologia que exalta a competência dos burgueses, advertindo que, no sistema atual, os vícios privados se tornam virtudes públicas (fórmula de Mandeville).

---

[10] Ver, por exemplo, Luiz Costa Lima, *O fingidor e o censor, no* Ancien Regime, *no Iluminismo e hoje* (Rio de Janeiro, Forense Universitária, 1988).

[11] Ver Ferenc Feher, *O romance está morrendo?* (Rio de Janeiro, Paz e Terra, 1972).

Frontispício das *Obras completas* de Shakespeare, de 1623,
e página de abertura de *Sonho de uma noite de verão*, da mesma edição.

PARA LER TEATRO

A poesia, ou o texto poético, nesse gênero pede uma complementação: a encenação. É uma literatura que vale por si mesma, mesmo que o seu "pedido" seja ignorado. Há textos dramáticos que ganham uma densidade significativa muito surpreendente quando se beneficiam de uma encenação brilhante, em espetáculos dirigidos de maneira inspirada. De qualquer modo, uma coisa é certa: pode-se ler um texto dramático que nunca foi encenado e avaliar sua qualidade. Pode-se saber se é uma obra-prima logo nas primeiras leituras.

Isso distingue o texto dramático do roteiro cinematográfico. A avaliação do filme só pode ser feita depois que o filme está feito. E eventuais falhas no roteiro podem ser sanadas até o filme ser declarado pronto.

Imaginemos, no teatro e no cinema, a situação de duas equipes de grande competência técnica e poderosa criatividade (magníficos atores, cenário, iluminação, figurinos etc.). Elas sabem que podem proporcionar um espetáculo inesquecível, um marco na história do entretenimento artístico. A situação do diretor de cinema que possui um excelente roteiro, contudo, é bem diferente da do diretor de teatro que possui o texto de uma excelente peça. Então, é pela importância específica do texto literário que o gênero literatura dramática se impõe aqui à nossa reflexão.

A história do gênero, na Grécia antiga, indica que ele nasceu de rituais religiosos; as encenações eram formas de culto. O predomínio de uma dinâmica propriamente teatral só veio a acontecer mesmo no século V a. C. E foi Ésquilo quem pela primeira vez tirou proveito da ação simultânea, no palco, do protagonista, do deuteragonista, do coro e de uma terceira pessoa (tritagonista).

Desde seus primeiros passos, manifestou-se entre os espectadores a tendência a confundir o palco com o mundo, a cena com a vida. O realismo, baseado na diferença (que permite que uma coisa imite a outra), já se defrontava com dificuldades. Conta-se que Sócrates, confundido com os sofistas, era ridicularizado numa comédia de Aristófanes. Para desfazer o mal-entendido, ele se limitou a levantar-se, na platéia, para que o público o visse e percebesse que o Sócrates exibido no palco não era ele.

Os temas do teatro grego antigo eram extraídos da religião (da mitologia). Não havia uma burocracia eclesiástica para controlar as diferenças que surgiam na interpretação dos mitos. Em Hesíodo, por exemplo, Prometeu ainda é visto como um delinqüente que se insurgiu contra Zeus. Já em Ésquilo o próprio Prometeu surge no palco e fala ao público, acusando Zeus de ser um tirano e de tê-lo punido porque ele tinha roubado o fogo do Olimpo para dá-lo aos humanos.

A tragédia grega como forma especial da literatura dramática traz a marca e uma situação histórica única, ao que tudo indica irrepetível. Karel Kosik[1], comparando o momento ateniense com as circunstâncias do nosso presente, observa que os cidadãos da *polis* participavam, como indivíduos, das decisões da coletividade, mas justamente no exercício da liberdade podiam entrar em rota de colisão com os deuses (e os deuses se misturavam muito aos homens). Quando essa contradição se configurava, estava caracterizada a situação de tragédia.

Já as condições atuais, segundo Kosik, são muito diversas. Numa sociedade que gira em torno do mercado, tudo tende a virar mercadoria. Todas as coisas passam a ter preço, os valores qualitativos, absolutos, cedem espaço a critérios quantificados, relativos. Os deuses desaparecem, e desaparece também a dignidade da tragédia. A queda de um avião é classificada como uma tragédia menor ou maior, dependendo do número de vítimas. Segundo o filósofo tcheco, o escritor mais representativo do século XX foi Kafka, que não escreveu tragédias: escreveu narrativas *grotescas*.

Ao longo da história da cultura ocidental, muitos escritores que não eram teatrólogos escreveram peças de teatro. Maquiavel, por exemplo. Lessing,

---

[1] Karel Kosik, "O século de Grete Samsa", *Matraga*, nº 8, mar. 1996.

Diderot e Voltaire. Balzac. Tinham competência, inegavelmente. Sabiam o que estavam fazendo. Lendo seus textos teatrais, contudo, alguns críticos já tiveram a impressão de que eles se sentiriam mais à vontade em outros gêneros literários. Por que se desviaram?

É possível que o desvio tenha ocorrido em virtude da popularidade do teatro. Em alguns lugares, em determinadas épocas, os espetáculos teatrais arrastavam multidões. Na Inglaterra, a mobilização plebéia chegou a assustar a corte, e a encenação de peças foi proibida. Mas a pressão foi grande e a proibição foi revogada em 1594.

Vieram, então, os anos gloriosos de Shakespeare. Um novo estilo seduzia a massa dos espectadores, pondo-os diante de cenas de forte impacto, que não hesitavam sequer diante do mau gosto (como a cena em que os dois filhos de Tamara, a imperatriz dos godos, violentam a filha do general romano Titus Andronicus, e cortam-lhe as mãos e a língua).

Mesmo *Hamlet*, indiscutivelmente uma obra-prima, promove no palco, em sua cena final, um verdadeiro festival de assassinatos. O povo adorava. Shakespeare dava o que as pessoas queriam: emoções veementes, ligadas a situações que elas compreendiam e que eram apresentadas no palco sem sofisticações cortesãs.

A aristocracia, entretanto, incentivava seus teatrólogos preferidos numa direção menos "plebéia", mais elegante. Corneille e Racine escreveram peças de impressionante qualidade poética. E os admiradores desses dois "clássicos", não por acaso, eram reticentes em relação a Shakespeare.

Na literatura dramática se configurou uma contraposição nítida entre duas concepções de razão: de um lado, Corneille e Racine foram entendidos como expressões sólidas, confiáveis, de uma racionalidade que estava sempre sendo desvendada; de outro, na esteira de Shakespeare, assumia-se a busca de uma razão mais abrangente, capaz de se mover na fronteira do imediato vivido, capaz de se prestar à representação de uma personagem tão densamente "má" como Lady Macbeth, capaz de contribuir para a criação de personagens inteligentes, mas tão desgraçadamente equivocados, como Rei Lear e Otelo.

Nas peças de Shakespeare a razão não assegura seu pleno desvendamento. As ambigüidades da condição humana podem desfazer e refazer o sentido dos empreendimentos dramáticos das pessoas.

A partir do Renascimento, paralelamente ao fortalecimento da burguesia, vai se desenvolver o drama burguês, um gênero com características que o distinguiam da antiga tragédia grega.

O drama burguês foi se depurando, como forma, concentrando-se nos diálogos e nas ações apresentados no palco, dispensando o prólogo, o coro e o epílogo (tudo o que funcionasse como um narrador épico externo).

Em *Teoria do drama moderno*, o crítico Peter Szondi[2] analisou os textos de numerosas peças importantes do teatro europeu que foram encenadas (ou publicadas) entre 1880 e 1950, desde Ibsen, Strindberg e Tchecov até Pirandello, O'Neil e Thornton Wilder; desde Maurice Maeterlinck e Gerhardt Hauptmann até Arthur Miller e Bertolt Brecht, passando ainda pelos expressionistas e pelos naturalistas.

Os dramaturgos se sentiam desafiados a alcançar, por meio da criação artística, uma revitalização do drama. Constataram, porém, que é impossível ignorar as dificuldades criadas pela contradição entre a forma do drama e a temática épica que a história colocava em seu caminho.

Os dramaturgos se deram conta de que a forma do drama não lhes convinha para representar o tempo histórico, pois ele só conhece e reconhece o presente. A forma exige tanto a presença espacial como a presença temporal: ela não permite a visão de conjunto de dois momentos diferentes e a passagem de um ao outro. Na realidade, ela subordina inevitavelmente um ao outro; ela "presentifica" tudo o que está mostrando, tudo o que está acontecendo no "palco mágico".

O ideal do drama burguês seria manter seu caráter absoluto, ocupando o palco exclusivamente com as ações e os diálogos das *dramatis personae,* evitando recorrer a um narrador "externo", de tipo épico. Mas é exatamente nisso que a crise do drama aparece.

Tchekhov, conforme a análise de Szondi, põe em cena personagens tão melancólicos e resignados que não agem, não buscam a felicidade (as conversas deles escorregam para uma "lírica da solidão"). Maeterlinck, fascinado pela morte, cria o que ele chama de o drama estático. "Em Ibsen, o passado domina no lugar do presente"[3]. Strindberg inventou o "drama de estação", condicionado

---

[2] Peter Szondi, *Teoria do drama moderno* (São Paulo, Cosac & Naify, 2003).

[3] Ibidem, p. 91.

pela extrema provisoriedade de tudo e de todos os indivíduos que o protagonista encontra pelo caminho, como se estivessem numa estação ferroviária.

No final do século XIX, todos os grandes teatrólogos, por caminhos diversos e cada um à sua maneira, preocupavam-se com o drama, todos queriam revigorá-lo.

Na análise minuciosa de Szondi[4] um ponto parece ser frágil: o crítico é surpreendentemente lacônico ao falar de Bertolt Brecht.

Por sua posição teórica antiaristotélica, sua concepção do teatro épico, seu conceito de distanciamento e, sobretudo, sua opção resolutamente comunista e antiburguesa, Brecht certamente merece uma atenção especial na discussão sobre o drama burguês. É claro que suas teorias podem ser questionadas, mas é impossível ignorar a importância da sua obra teatral. E não há como deixarmos de perceber que Brecht escapa, em geral, aos dilemas que Szondi analisa nas obras dos outros teatrólogos; seu caso exigiria do crítico uma abordagem à parte. Brecht tinha plena consciência do que estava fazendo quando fez sua opção pelo épico (opção que os outros se esforçavam por evitar).

---

[4] Ibidem, p. 133-9.

Michel Eyquem de Montaigne (1533-1592).
Frontispício da primeira edição dos *Ensaios*, de 1580.

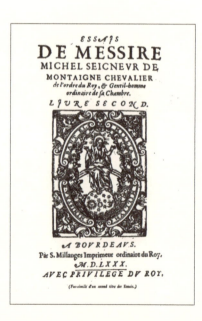

PARA LER ENSAIOS

Depois das experiências com o telescópio Hubble, depois da chegada do engenho enviado a Titan, satélite de Saturno, e das observações feitas com telescópios que utilizam raios infravermelhos, generalizou-se a expectativa de que a ciência (no caso, a astronomia) esteja na iminência de nos proporcionar novos e preciosos conhecimentos sobre o universo. A física, a química e a biologia também nos acenam com descobertas promissoras.

As ciências têm prestado enormes serviços à humanidade. A vida das pessoas no cotidiano se beneficia de numerosas invenções científicas, que vão desde os analgésicos e dos antibióticos até os meios de transporte, a energia elétrica e os computadores, passando pelo rádio, pelo cinema e pela televisão. Apesar do drama de multidões excluídas, os amplos setores que já se beneficiaram dos avanços científicos e tecnológicos tendem muitas vezes a praticar uma espécie de "culto" aos cientistas e, possuídos por um sentimento de gratidão, inclinam-se a acreditar – sempre – na palavra da Ciência.

Ciência e razão são magníficas afirmações do poder que o ser humano tem de transformar o mundo e de modificar a si mesmo. São expressões de esforços gigantescos, de conquistas gloriosas, de avanços colossais. Mas são realizações humanas, isto é, falíveis. Essa falibilidade é uma característica essencial da nossa atividade, da nossa práxis. É uma dimensão da nossa história que pede para ser reconhecida. Reconhecê-la, porém, não é fácil. Esse é um reconhecimento inquietante, intranqüilizador. Freqüentemente angustiante.

Compreende-se, assim, que a fala atribuída à Ciência sofra um processo de fetichização, que a autoridade da Ciência se torne intolerante, que a linguagem da Ciência assuma por vezes um tom peremptório, categórico, conclusivo.

Durante a Idade Média, foi se definindo e redefinindo um modelo para o discurso ortodoxo, quer dizer, para a argumentação correta, em defesa da doutrina "verdadeira". As universidades, dando seqüência a esse processo, instituíram a forma adequada ao rigor do conhecimento, tal como era concebido pela Academia: o tratado. E, a partir da segunda metade do século XVI, com Montaigne, o ensaio passa a ser uma alternativa ao tratado.

Em seu uso cotidiano, a palavra ensaio significa prova ou teste, momento final da preparação de um espetáculo ou da encenação de uma peça. Ensaio é tentativa, é experiência.

O cultivo de um novo gênero literário começou a proliferar a partir dos três volumes escritos e publicados por Michel de Montaigne, com o título *Ensaios*. Com que intenção o autor francês deu esse título ao livro? O que ele pretendia quando chamou de ensaios seu conjunto de anotações, fragmentos, observações, citações? O que, exatamente, ele estava ensaiando?

Falar de Montaigne e da sua obra é tarefa delicada. Se queremos entender a força do ensaio como gênero, entretanto, não há como se esquivar ao desafio de revisitar o "pai da criança". Os *Ensaios* estão cheios de lugares-comuns e de citações (nem sempre interessantes) de autores antigos. Trechos magníficos, cheios de graça e leveza, próprios de um mestre do estilo, alternam-se com páginas pesadas, enfadonhas. No entanto, a originalidade da obra é inegável.

Há no livro um pressuposto metodológico: a firme convicção de que cada indivíduo traz com ele, inteira, a condição humana[1]. Ora, o único indivíduo que está à sua disposição vinte e quatro horas por dia e pode ser observado o tempo todo é ele, Montaigne. O escritor, então, é autor e tema dos *Ensaios*. Era grande o risco dessa opção. Ela poderia ter resultado apenas numa patética *ego trip*. Montaigne, contudo, mantém sua vaidade sob vigilância crítica. Considera-se um homem feio: "tudo é grosseiro em mim. Faltam-me graça e beleza"[2]. Confessa ser um glutão[3]. Não se considera virtuoso. Sua virtude lhe parece acidental e fortuita[4]. É bom nascer num século depravado, porque, em comparação com

---

[1] Michel de Montaigne, *Ensaios*, III, 2 (São Paulo, Abril Cultural, 1972).

[2] Ibidem, II, 17.

[3] Ibidem, III, 13.

[4] Ibidem, II, 11.

os outros, você ganha barato um diploma de virtuoso[5]. É um individualista assumido, porém evita ultrapassar as fronteiras com que o individualismo o cerca: resigna-se com seus limites: "Não imponho aos outros nem meu modo de vida, nem meus princípios"[6]. Reconhece sua perplexidade. "Sei bem do que fujo, mas não o que busco"[7]. Procura uma comunidade que lhe proporcione uma alternativa para as sociedades européias. Tentou conversar com alguns índios do Brasil que haviam sido levados para a França, e anotou no seu livro[8] a estranheza dos índios diante do contraste entre os ricos e os pobres em Paris (os índiós não entendiam por que os pobres não matavam os ricos e incendiavam seus palácios). Divertia-se imensamente com as pretensões dos eruditos: "Nossas loucuras não me fazem rir; o que me faz rir são os nossos saberes"[9].

A perspectiva do ensaio, para Montaigne, é bem diferente daquela que está implícita na forma do tratado. O ensaio, como gênero, dividia os profissionais que trabalhavam na construção do conhecimento: agradava a uns pela liberdade que permitia; e desagradava a outros pela suspeita de falta de rigor (adversários de Montaigne diriam mesmo: falta de compostura). Aos poucos, porém, a nitidez do conceito de ensaio, tal como Montaigne o havia proposto, foi sendo abandonada em troca de uma significação imprecisa. Um século mais tarde, o filósofo inglês John Locke publicou dois livros em cujos títulos já mais ou menos se equivaliam "tratado" e "ensaio": *Ensaio sobre o entendimento humano* (*An essay concerning human understanding*) e *Dois tratados sobre o governo* (*Two treatises of government*).

Desde o início do século XVII, traduzidos para o inglês, os *Ensaios* fizeram sucesso na Grã-Bretanha; vários autores publicaram trabalhos intitulados "ensaios". De fato, eram escritos que fugiam à forma rígida do tratado, porém não chegavam a ter a radicalidade da opção de Montaigne: ficavam no meio do caminho. Entre eles, podemos exemplificar com Francis Bacon e, mais tarde,

---

[5] Ibidem, II, 17.

[6] Ibidem, I, 37

[7] Ibidem, III, 9.

[8] Ibidem, II,12.

[9] Ibidem, III, 3.

G. K. Chesterton, Virginia Woolf, J. B. Priestley e Thomas de Quincey. Ou, nos Estados Unidos, Ralph Waldo Emerson e Henry David Thoreau.

O pensamento crítico, inconformista, que se empenha em questionar as construções "acabadas", beneficia-se da forma do ensaio, mas admite que se defronta com dificuldades ao refletir sobre ela.

Um notável ensaísta, por exemplo, é o francês Jean-Paul Sartre; outro é o alemão Walter Benjamin. Na América Latina, podemos destacar os mexicanos Octavio Paz e Carlos Fuentes, o cubano Alejo Carpentier e os brasileiros Sérgio Buarque de Hollanda, Gilberto Freyre e Antonio Candido, entre muitos outros.

A força do ensaio está muito mais naquilo que ele recusa do que na clareza e na coerência daquilo que propõe. A situação do ensaio é um tanto paradoxal. Na sua origem, trabalhado por Montaigne, era guiado por preocupações ligadas aos compromissos de modéstia e autocrítica. Opunha-se às preferências tradicionais dos alunos (doutrinas prontas são assimiladas com maior facilidade), porém evitava "fechar questão" em torno de princípios, no conflito com os grandes campeões dos princípios e dos métodos.

No mundo dos ensaístas há sempre alguns que lembram aos outros que o terreno que lhes cabe explorar não é o da poesia nem o do romance. Não é o da ficção nem o do primado da imaginação criadora. De fato, o ensaio assimila algo da liberdade de expressão aprendida na arte, porém não é, a rigor, um gênero artístico. Por maior apreço que o ensaísta mostre pelas artes, por mais impressionantes que sejam seus talentos artísticos, seu programa é de natureza científica.

Na universidade, os professores às vezes se defrontam com situações delicadas quando são chamados a avaliar trabalhos de alunos que invocam a liberdade formal do ensaio para tentar justificar a falta de rigor acadêmico. Utilizado dessa maneira, o ensaio, como gênero, sofre um desgaste na sua legitimidade. Na verdade, os ensaístas são desafiados a mostrar que são capazes de combinar o charme da escrita ensaística com o respeito ao rigor científico.

PARA LER CRÔNICAS

Na mitologia grega, Urano, o Céu, teve com Gaia, a Terra, uma porção de filhos. Um desses filhos era Cronos, o Tempo. E Cronos, incitado pela mãe, castrou Urano. Mais tarde, com medo de que se cumprisse o que um oráculo predissera (que ele seria destronado por um de seus filhos), Cronos os devorava à medida que nasciam. Salvo pela mãe, Réia, um filho, entretanto, escapou: Zeus. E, como era previsível, Zeus derrotou Cronos e se tornou o mais poderoso dos deuses porque venceu o Tempo, que devorava tudo. Mas Cronos, mesmo vencido e justiçado, continuou a ser poderoso.

Onipresente, o Tempo se impõe a todas as criaturas, se sobrepõe a todos os destinos. Tentamos compreendê-lo, esforçamo-nos por medi-lo. Algo nele, contudo, sempre nos escapa. Ele é vasto demais, desborda do nosso entendimento. Santo Agostinho, nas suas *Confissões*, já nos interpelava: com que autoridade pretendemos medir o tempo, se ele é a medida de todas as coisas?

Cronos ri de nós. Não podemos alcançá-lo, jamais chegaremos aonde ele se encontra, porque ele está em toda parte. Nosso conceito de eternidade leva-o a gargalhadas.

Os reis, então, que eram na Antiguidade os homens mais poderosos do mundo, designaram escribas de confiança para registrar seus grandiosos feitos e domesticar o tempo.

Os primeiros cronistas não foram autores de crônicas, tais como as lemos e escrevemos hoje; foram escribas que assumiam a tarefa de relatar as ações dos monarcas. E nesse relato os antigos cronistas se empenhavam em apontar o que o rei tinha feito de melhor, de mais duradouro; as obras que deveriam ficar registradas e que nem mesmo a passagem do tempo destruiria.

Os cronistas faziam o registro de fatos, na ordem em que haviam acontecido. O trabalho deles apontava, dentro de seus limites, para o que viria a ser o trabalho dos historiadores.

Alguns desses cronistas assumiram uma inegável importância na história da cultura portuguesa, como Damião de Goes e, sobretudo, Fernão Lopes, a quem coube a delicada tarefa de explicar por que o princípio da sucessão dinástica, decisivo para a monarquia, foi momentaneamente deixado de lado por ocasião da ascensão de dom João I (o Mestre de Avis) ao trono, em Portugal.

Só no século XIX é que os nomes "crônica" e "cronista" passam a designar uma atividade e um gênero literários bastante diferentes daquilo que essas palavras significavam nos séculos XV e XVI.

A crônica passou a ser um pequeno conto de enredo indefinido, ou o comentário que se faz a respeito de um episódio vivido ou imaginado. Ou, ainda, uma breve reflexão feita num tom de quem aparentemente não se leva muito a sério. No sentido literário atual do termo, a crônica ocupa regularmente um espaço modesto porém significativo em jornais e revistas, e também é divulgada no rádio. Em princípio, nenhum assunto lhe é vedado, todos lhe são permitidos (inclusive a falta de assunto).

Ao contrário da reportagem, a crônica não tem maiores compromissos com a objetividade. Sua força não está na informação, mas na capacidade de interessar aos leitores, em geral. Sua força não está na profundidade do pensamento, mas na amenidade com que o expõe. Margarida de Souza Neves chama a nossa atenção para o espaço aberto pela crônica para o comentário pessoal, o olhar subjetivo, a busca da singularidade do efêmero e do fragmentário[1]. Embora não ignore os problemas da esfera pública, a crônica parece preferir lidar com vicissitudes mais pessoais, com sentimentos que se formam na vida privada, ou se voltam para ela.

A literatura brasileira tem um bom time de cronistas. Machado de Assis, a glória máxima das nossas letras, cultivava o gênero; Carlos Drummond de Andrade também[2].

---

[1] Margarida de Souza Neves, "História da crônica. Crônica da história", em Beatriz Resende (org.), *Cronistas do Rio* (Rio de Janeiro, José Olympio, 1995), p. 29.

[2] Ver Jorge de Sá, *A crônica* (São Paulo, Ática, 1985).

De maneira geral, a crônica moderna se desenvolveu a partir da expansão dos jornais diários, que abriam um espaço para textos leves, escritos em tom coloquial, para entretenimento do leitor. Seu florescimento decisivo no Brasil parece ter se dado nos anos 1930.

Antes disso, no século XIX e nas duas primeiras décadas do século XX, ainda havia nas crônicas elementos de uma retórica imponente, que o gênero – tolerante – acolhia, mas não contribuíam para a sua identidade. Olavo Bilac, José de Alencar e mesmo Machado de Assis: independentemente dos méritos desses autores, suas crônicas ainda apresentavam, em alguns momentos, a linguagem "literária" que na época era considerada nobre. Avanços na direção de um maior despojamento lingüístico e temático têm sido notados em João do Rio, Luís Edmundo, Lima Barreto, Mário de Andrade, Alcântara Machado e em Álvaro Moreyra, entre outros.

Nos anos 1930, dedicando-se ao gênero com exclusividade, destaca-se o cronista Rubem Braga. E é então que se constata o pleno florescimento daquela que já foi chamada de "a moderna crônica brasileira". Na esteira do canal aberto por Rubem Braga, emerge toda uma nova geração de cronistas. Correndo o risco de incorrer em omissões muito graves, lembro aqui Manuel Bandeira, Vinicius de Moraes, Marques Rebelo, Antonio Maria, o Nelson Rodrigues de "A vida como ela é", Clarice Lispector, Paulo Mendes Campos, Fernando Sabino, José Carlos de Oliveira. E, mais recentemente, João Ubaldo Ribeiro, Zuenir Ventura, Artur Xexeo, Arnaldo Jabor, Maria Lucia Dahl, Luis Fernando Verissimo e tantos outros[3].

Cada cronista imprime seu estilo próprio, sua maneira particular de ver fatos curiosos, de se divertir e divertir os leitores. Ou então sua melancolia, seu modo de evocar situações passadas, esperanças que se dissiparam (penso aqui em meu irmão, Rodolfo Konder).

Às vezes, irritado, o cronista – exercendo um direito seu – abandona o tom da crônica e troca a suavidade por uma certa truculência, cedendo à pressão polêmica ou sentindo necessidade de marcar uma posição de princípio. Álvaro Moreyra, entretanto, conseguiu marcar uma posição de princípio sem se afastar

---

[3] Ver Beatriz Resende (org.), *Cronistas do Rio*, cit.

do clima da crônica quando escreveu: "Não nasci para chefe. Chefe manda. Eu peço. Peço que não me mandem"[4].

Antonio Maria, com seu humor carioca inconfundível, fazia pilhéria com Vinicius de Moraes, dizendo que todas as crianças são traumatizadas pela brutal cessação do acesso ao leite materno (o desmame). E ressalvava: "Isso aconteceu a todas as crianças, exceto a Vinicius de Moraes, que foi sempre amamentado e amado pelas jovens mães dos outros"[5].

Uma certa molecagem afetuosa não é rara nas crônicas. Também não são raras a irritação divertida, a melancolia graciosa, a auto-ironia. Se houvesse algum consenso entre os cronistas a respeito do que a crônica deve ser, imagino que chegariam mais facilmente a um acordo sobre o que não deveria ser: acima de tudo, é preciso evitar que ela seja chata.

Muitos críticos sublinham o fato de a crônica constituir um gênero menor. Antonio Candido reconhece a procedência dessa qualificação, mas argumenta que, pertencendo a um gênero menor, a crônica

> fica perto de nós [...]. Na sua despretensão, humaniza; e esta humanização lhe permite, como compensação sorrateira, recuperar com a outra mão uma certa profundidade de significado e um certo acabamento de forma, que de repente podem fazer dela uma inesperada embora discreta candidata à perfeição.

E admite:

> sua durabilidade pode ser maior do que ela própria pensava.[6]

E aqui nos defrontamos, mais uma vez, com o deus grego e sua ambivalência. Cronos deu origem a uma percepção do tempo que nos põe diante da essência contraditória da mudança e da permanência.

Se dizemos que alguém sofre de uma doença crônica, isso significa que a doença é constante, vai durar enquanto o doente durar. Se dizemos, entretanto,

---

[4] Álvaro Moreyra, *As amargas, não* (Rio de Janeiro, Lux, 1955), p. 208.

[5] Antonio Maria, "Evangelho segundo Antonio", em *Com vocês, Antonio Maria* (Rio de Janeiro, Paz e Terra, 1994), p. 12.

[6] Em Setor de Filologia da Casa de Rui Barbosa (org.), *A crônica: o gênero, sua fixação e suas transformações no Brasil* (Campinas/Rio de Janeiro, Unicamp/Fundação Casa de Rui Barbosa, 1992), p. 15.

que alguém escreveu uma crônica, isso significa que o autor do texto se empenhou em cultivar um gênero menor, redigiu algo leve, que não tem a ambição de perdurar.

O paradoxo consiste nisso: a doença crônica pode um dia vir a ser curada. E a crônica comprometida com um instante fugaz pode perdurar na lembrança dos leitores. O efêmero pode ser eterno, assim como o eterno pode ser efêmero.

Marx e Engels mantiveram longa correspondência quando estavam exilados na Inglaterra. Abaixo, manuscrito de Marx.

PARA LER CARTAS

As pessoas escrevem cada vez menos cartas. Os e-mails vêm sendo usados com mais freqüência e, com eles, vai se desenvolvendo uma linguagem diferente da linguagem epistolar tradicional.

Segundo alguns observadores, antes mesmo da entrada em cena dos computadores, a literatura epistolar já estava em crise. Virginia Woolf achava que a redução do preço do selo, ao baratear o custo da correspondência, banalizou-a. Enquanto o selo era mais caro, o sujeito que escrevia a carta só se dispunha a redigi-la e enviá-la quando ela era importante para ele. E caprichava na redação.

De todo modo, o tema "carta" merece atenção. Há cartas dos mais variados tipos. Na maioria, são dirigidas a uma única pessoa. Em alguns casos, são endereçadas a grupos (como é o caso das epístolas de São Paulo aos coríntios, aos gálatas, aos romanos, aos efésios e outros). Há cartas escritas por seres humanos "comuns", por autores que jamais supuseram que um dia elas poderiam ser publicadas. E existe uma correspondência entre escritores famosos – como Goethe e Schiller – que foi escrita para ser publicada, o leitor percebe isso facilmente (nem quando moravam na mesma cidade, Weimar, nos primeiros anos do século XIX, os dois interromperam a correspondência).

No passado, até o século XVIII, cartas estavam associadas a uma sensação de autenticidade. Por isso alguns romancistas usaram a forma de uma troca de cartas para escrever romances, dando-lhes a aparência de uma correspondência achada em um baú.

De maneira geral, os iluministas eram correspondentes assíduos. Voltaire escreveu mais de dez mil cartas para mais de setecentos correspondentes. Diderot manteve com a atriz Sophie Volland uma correspondência que se estendeu, sobretudo, nos cinco primeiros anos de uma relação que perdurou por trinta anos (tanto tempo que transformou o amor em amizade). As cartas de Diderot para a atriz são extremamente importantes para o estudo do pensamento do autor. Nelas, por exemplo, o filósofo distingue o fragmento resultante da fratura de um conjunto do fragmento que é um elemento preliminar de um todo que está em construção[1].

O caráter privado das cartas facilita a Diderot assumir suas contradições. Ele escreve a Madame de Meaux, em 1769: "Enfureço-me de me sentir impregnado por um diabo de uma filosofia que meu espírito não pode deixar de aprovar e meu coração não se cansa de desmentir".

Uma correspondência que se lê com prazer é a de Marx e Engels. Nas cartas que ambos trocaram, exilados na Inglaterra (em cidades diferentes), os dois pensadores revolucionários se mostram terríveis maledicentes: falam mal de todo mundo. Um fiel seguidor das diretrizes deles na Alemanha – Wilhelm Liebknecht – é considerado um "bufão" (16-3-1870) e um "imbecil" (30-4-1870). Marx diz que seu ex-amigo Moses Hess é um "asno" (25-1-1865) e seu ex-amigo Arnold Ruge é um "bestalhão" (24-11-1858). E se refere a Bakunin como "uma massa monstruosa de carne e gordura" (18-9-1863)[2].

Outras cartas preciosas são as que o italiano Antonio Gramsci escreveu para a mulher e a cunhada durante os quase dez anos em que esteve preso numa cadeia fascista. Paralelamente aos *Cadernos do cárcere*, o conjunto das cartas se impõe ao exame crítico da história política do século XX como exemplo de reflexão, de firmeza moral e de coerência política[3].

Um caso muito especial é o de uma senhora chamada Marie de Rabutin--Chantal, mais conhecida como Madame de Sevigné. As cartas que ela escrevia ao longo do século XVII (1155 foram conservadas; algumas se perderam) fizeram enorme sucesso. Em sua imensa maioria, as cartas tinham como destinatária a

---

[1] Denis Diderot, *Lettres à Sophie Volland*, seleção e prefácio de Jean Varloot (Paris, Gallimard, 1984, col. Folio).

[2] Marx / Engels, *Ausgewählte Briefe* (Berlim, Dietz, 1953), v. 27 e seguintes.

[3] Depois dos *Cadernos do cárcere* (org. Carlos Nelson Coutinho) e dos escritos anteriores à prisão, a editora Civilização Brasileira planeja publicar uma nova edição das cartas de Gramsci.

filha, Françoise-Margueritte, casada com o conde de Grignan; em média, ela escrevia duas cartas por semana.

Os escritos de Madame de Sevigné foram pioneiros na abordagem de sentimentos íntimos. Debruçada sobre o ambiente afetivo delicado, confuso, a marquesa-mãe mostra verdadeira adoração pela condessa-filha[4]. Madame de Sevigné escreve com graça; porém, se estivermos inclinados a considerar a correspondência um gênero literário capaz de produzir obras-primas, a leitura de suas cartas pode resultar um tanto frustrante.

Esse ponto merece uma atenção particular. Um texto literário bem-feito se justifica por si mesmo. Há algo de artístico nele, sem dúvida. Cumpre verificar, contudo, em que nível de assimilação de conhecimento nos encontramos e em que nível de construção de conhecimento se encontra o texto literário (no caso, o texto das cartas de Madame de Sevigné).

Não é necessário que um texto literário como o das cartas da escritora francesa se situe no nível do que Lukács chama de grande arte para nos agradar, nos entreter e nos oferecer matéria capaz de proporcionar reflexão e conhecimento. Convém, entretanto, não perder de vista a necessidade de evitar a confusão de conceitos diferentes, indicados com a mesma palavra: arte.

A literatura abrange todas as experiências de comunicação e expressão por meio da palavra. E o uso denotativo ou conotativo das palavras pode ser imensamente significativo, sem necessariamente criar obras de arte.

Theodor Adorno e Max Horkheimer, dois pensadores brilhantes da chamada Escola de Frankfurt, são responsáveis por um dos fatores da confusão acima referida. Com a desqualificação do entretenimento e a entrega da arte popular (inteiramente descaracterizada) à sanha imediatista e interesseira da indústria cultural, eles ignoraram a complexidade e os antagonismos da diversão e escorregaram para um pessimismo extremamente desanimador, que tende a ver a indústria cultural como onipotente.

Muitas obras – feitas com arte – não ultrapassam a esfera do agradável, do divertido. Ou, embora muito interessantes, permanecem um tanto "jornalísticas", meramente informativas. O que nos cabe fazer com essas obras? Devemos

---

[4] Ver Jean Cordelier, *Madame de Sevigné par elle-même* (Paris, Seuil, 1967).

forçar a conclusão de que, feitas com arte, deverão ser reconhecidas e saudadas como verdadeiras obras de arte? Devemos proclamar a correspondência de Madame de Sevigné uma obra de arte tão digna de admiração como o *Doutor Fausto* de Thomas Mann?

As cartas (muito interessantes, com certeza) de Diderot para Sophie Volland não devem ser postas no mesmo nível qualitativo de *O sobrinho de Rameau,* ou de *Jacques, o fatalista e seu amo*, duas obras-primas, de autoria do mesmo Diderot[5].

A correspondência entre Marx e Engels é de leitura bem mais agradável que os *Manuscritos de 1844* (para não falar em *O capital*). O que ela nos dá, entretanto, se situa no nível da contribuição dos *Manuscritos de 1844* à filosofia?

Nem por isso seremos obrigados a cometer o erro inverso. Podemos nos recusar a considerar desprezíveis textos literários que não são candidatos a ser obras-primas, porém nos alegram a vida, nos divertem ou nos trazem informações preciosas e nos dão elementos que nos ajudam a compreender melhor as coisas.

O reconhecimento de que existem níveis diferentes do que chamamos "artístico" não resulta de nenhum preconceito elitista. Nasce, sim, de uma busca rigorosa por diversidade na densidade da contribuição de trabalhos artísticos ao autoconhecimento da humanidade.

As manifestações artísticas têm, todas elas, alguma importância. Uma carta pode ser banal aos olhos de uma pessoa e pode ser importantíssima aos olhos de outra. A classificação de uma obra na categoria das "artes menores" não significa *a priori* menosprezo pela referida obra.

Há ourives que fazem colares, brincos e anéis lindíssimos. Há alfaiates, costureiros e estilistas que fazem peças de roupa admiráveis. Existem atletas, desportistas, cujos movimentos graciosos, surpreendentes, costumam ser chamados de artísticos. Os chutes de Pelé, os dribles de Garrincha, o estilo do boxeador Cassius Clay (Muhammad Ali). Estímulos "artísticos" podem sempre nos surpreender no cotidiano.

Mesmo no campo específico da literatura, sintomas da presença do artístico aparecem por toda parte. E necessitamos de uma atenção permanente para evitar

---

[5] *Denis Diderot* (São Paulo, Nova Cultural, 1988, coleção Os pensadores).

dois equívocos simetricamente inversos: não convém descartar as realizações das "artes menores", que podem desempenhar um papel destacado na vida de alguns indivíduos, e também não devemos ignorar os limites dessas realizações, quando confrontadas com as possibilidades de autoconhecimento que a *grande arte* proporciona ao ser humano.

O poeta Manuel Bandeira, num poema intitulado "Testamento", diz que pretendia fazer a vontade do pai, queria estudar arquitetura, porém isso não foi possível, porque ele adoeceu: "Fiz-me arquiteto? Não pude./ Foi-se me um dia a saúde./ sou poeta menor, perdoai".

Alfredo Bosi comenta esses versos em sua *História concisa da literatura brasileira*[6]. E observa que o poeta, ao se considerar modestamente um "poeta menor", ajudou os leitores a enxergar uma diferença fundamental: o poeta "menor" não é um mau poeta; o adjetivo "menor" não significa que ele seja de qualidade inferior; significa apenas que ele aborda uma temática mais restrita que os outros. Nesse sentido, um poeta menor pode ser artisticamente mais importante do que um poeta maior.

Quando comentamos os gêneros literários, entretanto, defrontamo-nos com uma diferença de outro tipo. Uma carta, em si mesma, pode ser um documento precioso, pode ser primorosamente bem escrita, mas não pode ter a força de uma coletânea de poemas de um grande poeta ("maior" ou "menor"), como não pode ter a solidez e a densidade de um belo romance.

Os caminhos dos artistas, independentemente do talento deles, são caminhos que os levam a objetivos situados em pontos diversos do mapa. O próprio escritor decide em qual direção vai. Seu objetivo principal é divertir o leitor? Fazê-lo pensar? Assustá-lo? Dialogar com ele? Brincar com ele? Seduzi-lo? Que importância o escritor atribui ao conhecimento das condições históricas e culturais da sociedade em que vive?

Para examinar melhor esse ponto, convém dizer algo sobre o *realismo*. As anotações que seguem não têm ambições de serem sistemáticas. Pretendem apenas lançar alguma luz sobre certas questões preliminares.

---

[6] Alfredo Bosi, *História concisa da literatura brasileira* (São Paulo, Cultrix, 1970).

Balzac (1799-1850): "Abracem-me, acabo de descobrir o caminho pelo qual vou me tornar um gênio!".

segunda parte

QUESTÕES ESTÉTICAS E CRÍTICAS

Ilustração de Bertall, do personagem abade Loraux, de *Honorine*, (Paris, Furne, 1845, t. IV, p. 346).

ANOTAÇÕES SOBRE O REALISMO

I

O tema deste capítulo nos remete a uma questão que percorre grande parte das páginas do livro: "Toda grande arte é realista?". Para discorrer sobre nossa concepção de realismo, é conveniente esclarecer que ela parte de uma perspectiva ontológica. Mas o que é, exatamente, uma perspectiva ontológica? O que significa, de fato, ontologia?

Ontologia é a filosofia que pensa o ser como o tema crucial do pensamento. O ser precede o conhecer. O conceito de ser é mais abrangente do que aquele que os seres humanos têm concebido. Não é possível defini-lo. Qualquer definição começa usando a palavra "é" (por exemplo: a linha reta é o caminho mais curto entre dois pontos). E esse "é" vem a ser a terceira pessoa do singular do presente do indicativo do verbo... ser. Uma tentativa de definir "ser" resulta, assim, numa tautologia.

Apesar dessa vocação tautológica, o ser é o conceito fundamental da ontologia; ele fica no centro das discussões político-filosóficas.

O jovem Hegel, de uma perspectiva rigorosamente ontológica, polemiza com Kant e com os kantianos, que preferem discutir preliminarmente o conhecimento. Hegel insiste: o ser – e não o conhecimento – é o centro do pensamento filosófico, a única maneira de não se perder é situar-se sempre em função do ser.

Se não se pensar o conhecimento a partir do ser, se não se conceber o conhecimento na dependência do ser, a construção do conhecimento se frustrará. De fato, mal ou bem, o desafio consiste em dar conta dos movimentos contraditórios do ser.

Se a construção do conhecimento se afasta da realidade e de suas contradições, ela não tem interesse e vai logo se dissipar. Se, entretanto, corresponde (ainda que com erros) ao movimento do ser, contribuirá para o fortalecimento do ponto de vista ontológico.

A pesquisa só avança se o pesquisador acreditar nela. O ceticismo absoluto tem um único argumento que poderia ser dito em seu favor: ele é absolutamente impossível. Se eu digo que não acredito em nada, das duas uma: ou eu não acredito efetivamente em nada e portanto também não acredito no que acabo de dizer e ninguém pode levar a sério o que eu disse (uma vez que eu mesmo desacredito o que disse); ou então eu acredito que não acredito em nada e, ao acreditar, tropeço numa contradição, pois, de fato, estou acreditando em algo (isto é, que não acredito em nada).

O conhecimento jamais esgota a realidade, mas a ciência e a arte, mesmo não sendo oniscientes e onipotentes, têm desvendado aspectos importantes do ser.

As ciências, em sua diversidade, investigam toda a realidade, natural e humana. As artes se concentram no ser humano. Nas artes, não se encontra, essencialmente, o reflexo da natureza; encontra-se o reflexo da sociedade, da cultura, o reflexo das atividades humanas que precisam de fundamentação teórica para proporcionar escolhas mais livres. Em suma: o reflexo da práxis.

Lukács – autor muitas vezes citado neste livro – dedicou mais de cinqüenta anos ao estudo dos problemas da estética. E se empenhou apaixonadamente na defesa da perspectiva ontológica. Numa entrevista concedida pouco antes de morrer, advertia brincalhonamente: as pessoas que vão atravessar uma rua e ignoram a condição de ser real do carro que vem vindo correm o risco de ser atropeladas[1].

Lukács enfrentou o desafio de pensar a arte e a ciência historicamente, contextualizando as suas manifestações. Prudentemente, o filósofo húngaro fala da origem da arte e adverte que só pode discorrer genericamente sobre o assunto, porque de fato não se sabe como a arte nasceu. Mas, apesar da advertência, aborda com valentia o tema em *Die Eigenart des Aesthetischen* [A peculiaridade

---

[1] Georg Lukács, *Conversando com Lukács* (entrevista concedida a Holz, Kofler e Abendroth), trad. Giseh Viana Konder (Rio de Janeiro, Paz e Terra, 1969).

do estético][2], o primeiro volume de sua monumental *Estética*. Arte e ciência se desenvolveram como aperfeiçoamento da sensibilidade e da busca do rigor a partir da percepção cotidiana que os seres humanos têm do mundo.

O trabalho seria a mais aperfeiçoada atividade cotidiana dos seres humanos. O trabalho abriu caminho para a ciência. Nas condições mais primitivas, porém, as técnicas eram bastante precárias. E onde não havia técnicas eficazes recorria--se às técnicas ilusórias da magia. E a magia parece ter tido uma participação decisiva na origem da arte.

Outro autor marxista, o austríaco Ernst Fischer, observou que, sendo uma atividade teleológica (que depende de um projeto), o trabalho permite que o ser humano continue a ser parte da natureza e, ao mesmo tempo, possa vê-la de um ângulo externo, de fora dela. Com o trabalho, disse Fischer, surgiu a contraposição sujeito/objeto[3].

Característicos da magia, naquele tempo, eram os procedimentos miméticos (imitativos) e o poder nomeador (na linguagem). As pinturas paleolíticas das cavernas de Lascaux e Dordogne mostram animais de caça reproduzidos com admirável fidelidade e marcas de golpes de lanças reais desfechados contra a representação pictórica. Visivelmente, os caçadores primitivos achavam que o ritual com a figura pintada lhes dava algum poder sobre o animal real[4].

Paralelamente, os seres humanos tomavam consciência da complexidade da linguagem, percebiam suas lacunas e se perguntavam a respeito de seus poderes. A invenção da escrita e sua utilização pelos sacerdotes sumérios, pelos escribas gregos e cretenses aumentam a complicação. A escrita não era, ainda, obviamente, a literatura como arte; porém era algo muito importante que acontecia na preparação da história dos primórdios do que viria a ser o novo gênero.

Maiores do que as dificuldades decorrentes do avanço no domínio da natureza (relação sujeito–objeto) eram as dificuldades surgidas no âmbito da vida social (relação sujeito–sujeito).

---

[2] Georg Lukács, *Die Eigenart des Aesthetischen* (Neuwied/Berlim, Luchterhand, 1963).

[3] Ernst Fischer, *A necessidade da arte*, trad. Leandro Konder (Rio de Janeiro, Zahar, 1966).

[4] Ver Arnold Hauser, *História social da literatura e da arte* (São Paulo, Martins Fontes, 2000).

A escrita, código secreto a serviço do poder, deixava nos excluídos, cada vez mais forte, a sensação de que uma força inumana, inacessível, dominava completamente toda a realidade. As ciências e as artes, ao longo da história da humanidade, têm sido mobilizadas na luta contra essa força.

II

Os artistas não acertam sempre. E são múltiplas as possíveis causas de seus desacertos. O escritor pode se equivocar, por exemplo, ao incluir na obra elementos de suas convicções políticas ou religiosas que não foram bem assimilados esteticamente à dinâmica específica da criação, em determinada construção artística (é o caso, caracterizado por Stendhal, do efeito de um tiro de canhão numa sala de concertos).

Outro equívoco possível é o do escritor que exagera na proteção da obra de arte contra qualquer contaminação por parte do mundo exterior. Afinal, as muralhas da fortaleza estética podem funcionar contra a invasão do não-artístico, mas também podem funcionar como fator de aprisionamento de artes auto-encarceradas, que começam então a definhar e a se tornar anêmicas.

A lista dos possíveis equívocos pode se alongar muito. Por ora, lembro apenas mais um: o da subestimação da importância do individual.

No justo combate ao individualismo, alguns teóricos, com freqüência, acolhem formulações que tendem a um certo coletivismo simplificador. Com isso, terminam por alimentar uma contraposição mecânica entre o individualismo e o coletivismo. Para o individualismo, é conveniente ter como adversário um teórico que se recusa a reconhecer toda a riqueza da significação do processo histórico pelo qual os indivíduos vêm se tornando efetivamente mais autônomos.

O individualismo também não pode dar conta da importância desse processo, porque menospreza o contexto histórico-social em que as pessoas existem concretamente. O que caracteriza o equívoco básico do individualismo não é a enfática valorização das vivências subjetivas e das ações individuais, pois essa valorização é compatível com a concepção dialética da história. A falha do individualismo está em não reconhecer o indivíduo social, as pessoas que se formam e se transformam no movimento da sociedade.

O individualismo não consegue entender os indivíduos concretos. Isso acarreta evidentes prejuízos para a criação artística, especialmente para a criação literária de personagens romanescos.

A importância que o indivíduo assume na arte (na literatura) pode ser bem maior do que aquela que lhe é reconhecida na sociedade. Uma comprovação disso pode se encontrar na literatura grega clássica, na tragédia que Sófocles escreveu sobre Antígona.

Como mulher, Antígona não tinha os direitos da cidadania: não era dona do seu corpo, podia ser obrigada a abortar, não votava, não dispunha de nenhum instrumento legal para participar da política (atividade cujo nome, sintomaticamente, deriva de pólis).

Apesar de sua extrema fragilidade, Antígona, filha de Édipo, ousa enfrentar o Estado (representado por Creonte). Seus dois irmãos – Eteocle e Polinice – morreram em combate. Um deles, que defendia a cidade, é enterrado com honras fúnebres; o outro, que fazia parte do exército inimigo, deve apodrecer ao relento. Antígona se rebela contra a ordem de Creonte, argumentando que não entendia de política, mas entendia de amor. Os espectadores ficaram emocionadíssimos. Na sociedade, tal como estava organizada, Antígona não mereceria maior atenção. Na tragédia escrita por Sófocles, contudo, ela marcou indelevelmente como pessoa – como indivíduo! – a consciência dos homens que compunham o vasto público.

Antígona era uma contundente novidade, sua criação singular produzia um efeito universal. Sua dor, ao se expressar na literatura, foi compreendida, partilhada por homens, diferentes dela. Nisso consistiu seu poder inovador.

Nisso consistia a sua tipicidade. Antígona era um "tipo", como diziam Engels e Lukács. Sua dimensão singular precedia sua dimensão significativa universal. A criação de tipos – sempre diferentes uns dos outros – é um dos procedimentos decisivos dos narradores para apreender o novo na realidade social.

O escritor realista deve estar atento para a dinâmica da sociedade; e, conseqüentemente, para o novo que está sempre surgindo da práxis humana.

A arte, como práxis, não só é inovadora como precisa buscar o novo, em geral. E o novo, por sua própria natureza, nunca está no lugar do "já sabido". Se o novo fosse algo de fácil acesso, a dimensão da sua busca não teria o caráter de uma aventura; para encontrá-lo bastariam procedimentos mais ou menos burocráticos e ele, ao ser encontrado, não nos surpreenderia. Mas também perderia seu interesse e sua capacidade de fecundar a criação artística e incentivar o efetivo aprofundamento do conhecimento.

A importância do novo foi sublinhada polemicamente por Brecht, que afirmava preferir o novo ruim ao velho bom. Compreende-se o arrebatamento do poeta por uma boa causa: a da luta em favor do novo, contra o conservadorismo da repetição do sempre igual. Cabe, contudo, a ponderação: será que o novo ruim é verdadeiramente novo? Será que o velho bom – sendo, de fato, bom – não é capaz de se renovar?

Lukács se destaca entre os teóricos marxistas do século XX por seu apreço pelo que Brecht chamou de velho bom. Imagino que ele jamais trocaria um bom vinho velho francês por um novo refrigerante ordinário. Brincadeiras à parte, o desafio que enfrentamos é aquele que nos apresenta a tarefa de determinar um critério para o uso, na avaliação estética, do adjetivo "bom". E, como parte desse desafio, precisamos determinar a relação entre o bom e o realismo.

Diversas questões, então, nos interpelam: toda grande arte é realista? Qual poderia ser o interesse de obras de arte não realistas? Existem formas mais adequadas do que outras para a expressão do realismo na arte (especialmente na literatura)? Que formas seriam essas? Quais as vantagens e as desvantagens do uso de um conceito de realismo mais amplo (ou mais restrito)? Como se realiza o vínculo entre a arte (a recriação do real em direções nunca predeterminadas) e a sociedade (o real encontrável no ponto de partida das criações literárias)? Qual é, exatamente, a relação entre a realidade em si mesma e sua interpretação pela arte e pela literatura?

A realidade cujo conhecimento é vital – e urgente – para o sujeito é a realidade humana. Trata-se, de fato, de uma realidade plural: a realidade dos homens. Para mim, os outros são os outros; para os outros, o outro (*alter*) sou eu. A minha identidade depende da minha capacidade de reconhecer o que nós – eu e os outros – temos em comum e o que nos distingue. A identidade, portanto, depende da *alteridade*. E a convivência com a alteridade precisa de uma identidade amadurecida, flexível e simultaneamente firme.

Nas inelimináveis relações que mantemos uns com os outros, influímos sobre as modificações nossas e alheias. Quer dizer: *alteramo-nos* mutuamente. E cada um se altera si mesmo. É nessa intervenção nas ações humanas que fazemos nossas escolhas, tomamos nossas decisões, experimentamos prazeres, assumimos os riscos que a existência nos traz e, afinal, vivemos.

Para podermos nos orientar, devemos nos conhecer tanto nos movimentos de convergência como nos de divergência, no estado de coisas atual e na perspectiva de futuro (no projeto de cada um). As artes – e a literatura, em especial – são a expressão mais importante da nossa apreensão sensível dessa dinâmica real.

O empenho posto na construção do conhecimento, na busca da verdade – seja qual for a significação disso – não exclui sempre outras motivações na arte literária. Cabe na expressão artística uma disposição de agradar aos leitores/espectadores, que, dentro de seus limites, é perfeitamente legítima. Uma criação artística agradável não é a mesma coisa que um produto cultural meramente agradável, travestido de obra de arte.

Erich Auerbach lembra que Homero foi acusado de ser mentiroso, de falsear a verdade histórica. Adverte que não tem sentido cobrarmos do autor da *Ilíada* e da *Odisséia* que ele deveria copiarsse verdades históricas. Ao contrário dos narradores bíblicos, que mantêm suas fantasias atreladas à crença, e devem ser fiéis à tradição, Homero se permite mentir para agradar.

Essa observação de Auerbach não diminui em nada a importância do realismo. Ao contrário, o autor de *Mímese* nos ajuda a não perdermos de vista as sutilezas e complexidades desse real que a arte realista insiste em dominar.

O real, tal como é recriado pelo artista, já não é o real do ponto de partida da experiência estética. A passagem do primeiro real (a objetividade a que o sujeito chega) a um segundo real (*alterado* pela interferência do artista) é um processo cujo motor não costuma se deixar reduzir à "pura" busca da verdade. É humanamente compreensível que na experiência estética surjam também motivações prazerosas, sinais de uma humana disposição para agradar.

A dimensão da presença do agradável – da disposição de agradar – na experiência da criação artística pode induzir alguns artistas a fazer ao entretenimento concessões exageradas. Nesses casos, certas tendências oportunistas e/ou demagógicas podem se manifestar, com inevitável prejuízo para a densidade da obra.

Se, porém, esses "acidentes de percurso" não obscurecerem sua compreensão da contribuição essencial das artes ao autoconhecimento humano, os artistas podem corrigir seus próprios erros. E o rigor com que Horkheimer e Adorno julgam e condenam o agradável é despropositado[5].

III

A pergunta sobre o valor especificamente estético de uma obra nos desafia. Diversos marxistas têm tentado esquivar-se dessa discussão. Marx, contudo, não fugiu da raia. Na introdução geral à *Contribuição à crítica da economia política*, ele escreveu que era fácil abordar a questão da causa da produção de peças de Ésquilo e Sófocles na Atenas de Péricles.

Uma abordagem sociológica do tema não apresenta grandes dificuldades. O problema se complica mesmo quando a questão estética é reconhecida como crucial, que não deve ser escamoteada.

Marx indaga francamente por que as peças de Ésquilo e Sófocles preservam até hoje sua vitalidade. Por que vinte e quatro séculos depois essas obras (e não outras) nos emocionam tão fortemente e nos entusiasmam tanto? Por que os concorrentes, que eram muitos, foram esquecidos? Platão, no *Banquete*, fala de uma tragédia de Agaton que teria sido vista por trinta mil espectadores. Por que, apesar do sucesso imediato, essa peça acabou na lata de lixo da história?

Curiosamente, a resposta que Marx propôs para a questão dos valores estéticos na arte grega está longe de ser convincente. Segundo ele, a arte grega tinha algo de um viço infantil, era encantadoramente espontânea, porque os gregos foram as "crianças normais" da humanidade. Com o que sabemos hoje, não dá para sermos tão simplistas. O processo histórico no qual se engendraram a "democracia" e a arte ateniense foi mais complexo do que Marx supunha.

A solidez da unidade dos diferentes momentos da tragédia não podia eliminar ou sequer reduzir as colossais contradições que os atenienses viviam. Tinham democracia dentro da cidade e praticavam uma política externa "imperialista", de extorsão dos bens de seus aliados. Ampliavam despreconceituosamente a cidadania, mas excluíam dela as mulheres e os escravos.

A fecundidade de uma cultura e seu vigor crítico dependem do bom aproveitamento que ela faça da proliferação das suas contradições. Se o pensa-

---

[5] Max Horkheimer & Theodor Wiesengrund Adorno, *Dialética do esclarecimento* (Rio de Janeiro, Zahar, 1985).

mento não consegue dominar suas contradições, não elabora sínteses estimulantes, as contradições o sufocam. Se as contradições sofrem uma violentíssima pressão falsificadora e se camuflam, elas degeneram em paradoxo, indulgem no ecletismo, chafurdam na esterilidade. E fazem da vida – como se lê no poema "Momento num café", de Manuel Bandeira – "uma agitação feroz e sem finalidade".

Se percebo as contradições, posso me enganar, mas ao menos é possível que eu esteja tocando no real. Se, contudo, não vejo a contradição, só vejo harmonia, é indubitável que me enganei.

Toda expressão cultural é um movimento de sujeitos que estão indo além dos limites de suas respectivas singularidades e estão tentando alcançar outros sujeitos. O movimento da literatura – como o movimento da cultura e o movimento da linguagem – é um movimento de universalização.

A universalidade absoluta é inconcebível, em escala humana. E a absoluta singularidade seria um desastre. Os antigos gregos tinham um nome para o singular: *ídion*. E outra para o singular absolutizado: *idiotes*.

A efetiva universalidade não é e nunca será um modelo adotado por algum modismo cultural. Não existe cultura universal constituída.

O realismo consiste em construir o conhecimento numa direção que permita a superação da autocontemplação narcísica e do auto-embevecimento provinciano.

Cabe a cada pessoa, individualmente, travar essa luta contra o narcisismo e o provincianismo. Cabe, também, a cada um esforçar-se pessoalmente para ampliar seu quadro de referências, aprimorar sua sensibilidade e prestar atenção às possibilidades de fruir a grande arte.

Muita gente teme que esse conceito de grande arte sirva para legitimar atitudes elitistas. Na criação artística, qualquer coisa que fique aquém da grande arte é vista como fracasso, um desperdício de energia criadora. Esse tipo de atitude é, de fato, um grande equívoco. A função social da arte não se reduz à produção de obras-primas.

Por outro lado, evitado o equívoco do elitismo, e reconhecida a diferença existente entre as diferentes motivações e realizações estéticas das criações artísticas (seria absurdo que alguém pretendesse declarar a equivalência de densidade estética significativa entre um bonequinho de cerâmica popular e a *Pietà* vaticana de Michelangelo), cumpre admitir que o conceito de grande arte tem sua razão de ser: é ele que nos permite fazer efetivamente justiça à genialidade dos maiores artistas da humanidade.

Sem a referência à grande arte os valores artísticos são proclamados onipresentes, declara-se que eles estão por toda parte, devem ser saudados com o mesmo democrático entusiasmo. Afinal, tudo é arte.

A conseqüência dessa concepção é frustrante. Se tudo é arte, então nada é arte.

IV

Se a palavra realismo designa características do estilo dos escritores de determinado período histórico, com exclusividade, o conceito se restringe a um movimento passado e perde muito da sua importância.

Se, porém, a palavra designa algo mais abrangente, se ela se refere a características de autores de certo período, mas não apenas a elas, então a coisa se complica: o conceito se mostra mais ambicioso, porém apresenta dificuldades.

Aplicado à história da literatura francesa, o termo "realista" tem sido usado para classificar autores como Balzac, Stendhal e Flaubert, que se distinguiriam dos autores românticos, como Victor Hugo, Chateaubriand, Musset e Vigny.

O campo do romantismo, entretanto, parece mais bem definido e menos controvertido que o do realismo. A inclusão de alguns escritores no movimento do realismo depende do que, de acordo com os críticos, prepondera na obra deles.

Qual o peso que deve ser atribuído aos elementos "românticos" na obra de Balzac ou de Stendhal? Em que medida Flaubert se afasta dos procedimentos "realistas" de Balzac e Stendhal, considerando-os ainda românticos e conferindo novo significado ao realismo? Em que medida o realismo de Flaubert já é naturalismo?Para a grande maioria dos historiadores da literatura francesa, Flaubert é o mais autêntico representante do genuíno realismo. Lukács diverge dessa avaliação e critica a postura contemplativa, passiva, do autor de *Educação sentimental* e de *Madame Bovary*. Flaubert, na visão do crítico húngaro, permanecia numa atitude meramente descritiva das ações de seus personagens, sem aproveitar plenamente as possibilidades narrativas dos movimentos autotransformadores que eles, como todos os seres humanos, realizam – ou podem realizar – em suas ações.

Em Zola, a opção é ainda mais radical. Embora na vida Zola tenha sido certamente mais combativo do que Flaubert, sua concepção da literatura – o naturalismo – levava-o a procurar aproveitar fatias da realidade, sem se preocupar em distinguir entre a face ostensiva e a face oculta dos fenômenos que enxergava e descrevia. Otto Maria Carpeaux, em sua monumental *História da literatura ocidental*[6], reconhece uma vertente de revolta e uma vertente de evasão no romantismo. E caracteriza o naturalismo como manifestação de uma postura não seletiva por parte do escritor, em face da realidade.

Independentemente das divergências (que ele fazia questão de sublinhar), Carpeaux concordava com Lukács na crítica do naturalismo e na convicção de que o realismo era outra coisa. O realismo, na ampla acepção lukacsiana, não acompanhava a linha seguida por Flaubert e por Zola. Na realidade, as classificações sempre pecam por generalizações abusivas e exageros simplificadores. Há, sem dúvida, elementos de realismo nos escritos desses dois importantes escritores.

O ponto mais forte na crítica feita a eles é a advertência para as conseqüências do abandono da diferença entre a essência e a aparência.

Atualmente, termos como essência e verdade andam muito desgastados e devem ser utilizados com cautela e parcimônia. Observamos, contudo, que ainda não foram inventados bons substitutos para eles.

Todo o processo do conhecimento é o de um movimento infindável de aprofundamento da nossa compreensão do infinito movimento do real.

No plano estritamente teórico, a infinitude do real nos coloca com freqüência diante de problemas que, apesar do nosso esforço infindável, não podemos resolver.

Não podemos resolver, mas resolvemos. A incapacidade de solucionarmos essas questões com nossos recursos teóricos nos desloca para a ação. Fazemos como Alexandre da Macedônia, que, desafiado a desatar o famoso nó górdio e percebendo a dificuldade para fazê-lo, sacou de sua espada e, com um golpe certeiro, cortou-o.

A construção do conhecimento pelos seres humanos não tem sido, histo-

---

[6] Otto Maria Carpeaux, *História da literatura ocidental* (Rio de Janeiro, O Cruzeiro, 1960-1965), 8 v.

ricamente, uma ininterrompida pesquisa de gabinete, um fichamento jamais concluído de livros e revistas, uma coleção interminável de informações. O conhecimento é parte da vida, seus movimentos são incompreensíveis, na escala dos séculos, se não os observarmos na conexão com as expectativas, com os medos, com as urgências, com os desesperos, com as oportunidades, enfim, com as necessidades práticas dos seres humanos.

Se a essência se manifestasse sempre de maneira imediata e dispensasse nossos esforços, nossas pesquisas, não haveria a práxis, e o ser humano – sujeito da práxis – não teria a identidade que tem.

Quando a teoria fraqueja, é a práxis que a sustenta. Quando as aparências obscurecem ideologicamente o sentido do que está acontecendo e afastam demais os seres humanos da busca da essência, é a práxis que chama a teoria para experimentar novos caminhos.

A práxis é a atividade teleológica, projetiva, própria do sujeito humano, com seu poder de fazer escolhas, de tomar decisões, de assumir riscos. É ela que precisa de teoria, para fundamentar seus critérios, sua escala de valores. E nas ocasiões em que a teoria falha, é ela que exige a renovação teórica.

Do ângulo da práxis, impõe-se uma hierarquização nos graus de essencialidade do real. A aparência – ninguém duvida – é essencial (sem ela a essência não apareceria). A essência, contudo, é, por assim dizer, ainda mais essencial. O artista, o ser humano que trabalha com a aparência, inevitavelmente se afeiçoa a ela. Cabe-lhe, entretanto, travar a luta para colocá-la a serviço da essência. Para o artista, ela não se reduz à natureza, ao mundo exterior. A essência é a práxis, é a atividade criadora e desvendadora que, por meio de "totalidades intensivas", vai sendo reconhecida como chave de acesso ao "real", ideal do realismo.

V

Esse ideal do realismo é necessário para quem, na luta pela valorização dos conhecimentos proporcionados pela arte, quer manter, diante da realidade presente, uma postura crítica.

Sabemos que o mundo é imperfeito, que a sociedade é imperfeita, que nós somos imperfeitos. Com Pico della Mirandola, filósofo do século XV, entretanto, aprendemos que podemos fazer da imperfeição uma vantagem: quem já é perfeito, como os anjos, por exemplo, nunca poderá viver a magnífica aventura humana de se auto-aperfeiçoar[7].

Nossa necessidade de auto-aperfeiçoamento nos põe em movimento, nos incita à auto-superação. Essa é a nossa realidade humana essencial, e o realismo não pode deixar de estar comprometido com esse ideal, que nos faz sentir que precisamos ir além do ponto a que chegamos.

A necessidade de transcender horizontes que se revelam limitados se manifesta, notoriamente, de maneira bem distinta na arte e na religião. No entanto, não deixa de haver aí um ponto em comum.

O anseio de ultrapassar limites insatisfatórios impulsiona os artistas a mudar as coisas *neste* mundo. A mudança permanece imanente, comprometida com o presente e com o futuro da arte. Na religião, a superação das limitações humanas se dá em outro mundo, no Além. Na prática, a representação da meta a ser alcançada não muda muito, afinal, se a morada for no céu ou na terra.

Observamos com freqüência casos históricos de artistas místicos e de místicos dotados de grande sensibilidade artística. Imagens do céu podem desempenhar um papel decisivo em mudanças terrenas; e conteúdos terrenos podem ser fundamentais em iniciativas religiosas.

A própria amplitude da arte permite que ela seja capaz de abranger a temática religiosa. A análise crítica dos encontros históricos da arte com a religião precisa ser muito cuidadosa para não confundir as coisas, quer dizer, para respeitar as diferenças.

Vale a pena recordar o exemplo de Graham Greene. Quando o chamavam de romancista católico, o escritor britânico advertia: "Sou romancista. E também sou católico. Mas não sou romancista católico".

VI

Lukács, ao que tudo indica, recusa-se a morrer. Não tem o prestígio de outrora, não exerce a influência que já exerceu. Em alguns ambientes intelectuais é francamente execrado. No entanto, sua sobrevivência nestes últimos trinta anos

---

[7] Giovanni Pico della Mirandola, *Discurso sobre a dignidade do homem* (Lisboa, Edições 70, 1998, col. Textos Filosóficos, 25).

indica uma possível fecundidade de algumas das suas categorias, especialmente de alguns dos seus conceitos estéticos.

Já mencionamos suas considerações insatisfatórias a respeito de Kafka e Proust, sua recusa da literatura de vanguarda, em geral. Outras manifestações de certo conservadorismo estético poderiam ser apontadas e debatidas. Mas isso não impede que o pensamento do filósofo húngaro seja reconhecido como matriz de algumas excelentes observações.

Lukács observa, por exemplo, que a vida interior dos seres humanos vem crescendo em sua autonomia, de tal modo que o desencadeamento de reações subjetivas se faz, cada vez mais, a partir de acontecimentos objetivos e estímulos externos cuja importância vem sendo relativizada. "Essa autonomização da interioridade, do mundo emocional, é um dos fenômenos típicos do crescimento da cultura", conforme afirma o filósofo no capítulo dedicado à música, em sua *Estética*[8]. Essa é uma das razões pelas quais ele repele com crescente firmeza qualquer confusão entre o realismo (que reconhece a dimensão subjetiva da busca da essência) e o naturalismo (que ignora a importância da distinção entre a essência e o fenômeno). O naturalismo tende a nivelar por baixo a consciência artística e a consciência cotidiana.

Para Lukács, o ser humano, no dia-a-dia, está sobrecarregado de aspectos inessenciais (do ponto de vista da humanidade). Lukács o chama de "homem inteiro" (*der ganze Mensch*). Quando reconhece intelectual e emotivamente sua inerência ao gênero humano, torna-se "inteiramente homem" (*der Mensch ganz*). O processo pelo qual os seres humanos se humanizam é complexo, e depende de convicções que se formam pouco a pouco. Nesse longo processo é decisivo o papel da arte, que ajuda o *ganze Mensch* a se tornar *Mensch ganz*[9].

Na fruição da arte os sujeitos têm a preciosa possibilidade de *reabsorver* algo daquilo que a humanidade (o sujeito genérico, interpretado pelos grandes artistas e escritores) pôs no mundo, na forma de criação artística. Quem não consegue incorporar significativamente nada do que a humanidade criou de melhor será, com certeza, um espírito limitado, mal provido de imaginação criadora.

---

[8] Georg Lukács, *Die Eigenart des Aesthetischen* (Neuwied/Berlim, Luchterhand, 1963), parte 2, cap. 14, p. 330.

[9] Ibidem, parte 1, capítulo 8, p. 640.

Essa parece ser, na ótica de Lukács, a ponte fundamental entre a estética e a ética. De certo modo, ela já estava sendo pensada desde primeiros escritos, quando em 1919, recém-convertido ao marxismo, escreveu: "a política é o meio; o fim é a cultura".

O filósofo tcheco Karel Kosik seguiu um caminho diferente do de Lukács, porém chegou a uma concepção do realismo parecida com a do pensador húngaro. Nas condições da divisão social do trabalho, a práxis, atividade de auto-realização humana, sofre um processo inevitável de fragmentação. Essa fragmentação induz os sujeitos, como indivíduos mais ou menos isolados, a pensar que entendem concretamente o mundo, quando se trata, de fato, da *pseudoconcreticidade*.

A consciência busca certa visão de conjunto, mas as limitações que a prendem ao pseudoconcreto não lhe permitem enxergar as *mediações*, que são imprescindíveis à totalidade concreta. A totalidade concreta, por sua vez, não é extensiva; não pretende se compor de todos os atos; ela dá conta da estrutura significativa do todo tal como é estruturado pela práxis. É uma totalidade intensiva.

É na práxis que o ser humano supera sua finitude e aprofunda sua compreensão do que seja a realidade, da qual ele faz parte e que ele modifica e cria. ("O homem é um ser ontocriativo", segundo Kosik[10].)

A arte é práxis. A discussão sobre ela e o realismo envolve problemas de teoria do conhecimento, mas envolve também a realidade, o ser.

Toda concepção do realismo ou do não-realismo é baseada sobre uma consciente ou inconsciente concepção da realidade. O que seja o realismo ou o não-realismo em arte depende sempre do que é a realidade e de como se concebe a própria realidade[11].

Sintomaticamente, o movimento do pensamento de Kosik lembra o movimento do pensamento de Lukács. Primeiro, pelo deslocamento da análise crítica do plano do conhecimento para o plano do ser (ontologia). E, depois, pela abertura para a esfera do humanismo e da ética. Lukács proclamando

---

[10] Karel Kosik, *Dialética do concreto*, trad. Célia Neves e Alderico Toribio (Rio de Janeiro, Paz e Terra, 1969), p. 202.

[11] Ibidem, p. 108.

que a política é um meio, que o fim é a cultura; e Kosik afirmando que "cada indivíduo – pessoalmente, e sem que ninguém possa substituí-lo – tem de se formar uma cultura e viver sua vida"[12].

Talvez nem tudo tenha ficado claro nessas anotações sobre o realismo. É possível que alguns aspectos das observações feitas possam ser mais bem compreendidos a partir de uma aplicação da nossa concepção do realismo no âmbito da crítica literária. Vejamos, então, o que se poderia dizer sobre o realismo nos romances de Balzac e o realismo nos poemas de Fernando Pessoa.

---

[12] Ibidem, p. 19.

O REALISMO NOS ROMANCES DE BALZAC

Honoré de Balzac nasceu em Tours. É, portanto, um provinciano. Conhece bem – porque a viveu ele mesmo – a experiência do jovem intelectual que sai da província e vai viver em Paris.

Na infância, era mau aluno, achava a escola muito chata, divagava durante as aulas, foi castigado com palmatória em diversas ocasiões. Laure, a mãe, era extremamente parcimoniosa nas expressões de afeto. Sua principal tarefa em casa consistia em educar os filhos impondo-lhes punições. Honoré ficou profundamente marcado por sua frieza. Em compensação, a irmã (que também se chamava Laure!) era carinhosa com ele.

Esse sentimento de rejeição por parte da mãe e a necessidade de se sentir amado e protegido levaram-no a se apaixonar por Madame de Berny, que era vinte e cinco anos mais velha que ele.

Em Paris, com pouco mais de 20 anos, Honoré se associou a outras pessoas e fundou uma editora, que, no entanto, não deu certo e o deixou com pesadas dívidas.

Fez estudos de Direito, porém se recusou a trabalhar num cartório. Nessa época, começou a escrever – anonimamente – vários romances, sozinho ou em colaboração com outros escritores anônimos.

No final de 1828, procurou o general barão de Pommereul, que havia participado de um episódio histórico que muito lhe interessava: a revolta camponesa e monarquista dos *chouans*, na Bretanha, no final do século XVIII. As informações e historinhas do barão foram aproveitadas no primeiro romance que Honoré de Balzac assinou e publicou com seu próprio nome: *Os chouans ou A Bretanha em 1799*.

Em 1833, aos 34 anos, já havia publicado (e assinado) não só o romance situado na Bretanha e atravessado pela revolta dos *chouans*, como também havia acabado de escrever ou estava acabando de escrever diversos outros romances.

Já era um autor conhecido, quando, em 1833, teria irrompido na casa de sua irmã, Laure de Surville, e, excitadíssimo, dito a ela e ao marido: "Abracem-me, acabo de descobrir o caminho pelo qual vou me tornar um gênio!".

Em que consistia essa descoberta? Consistia em algo simples e extremamente significativo: Balzac se dispunha a criar personagens que, depois de aparecer em determinado livro, podiam reaparecer em outro (ou em outros) volumes.

Ao morrer, em 1850, não havia conseguido terminar seu projeto, que previa a redação de 86 romances, contos e novelas (se tivesse realizado o que planejara, teria redigido 137 textos). Segundo alguns pesquisadores, o conjunto – que só em 1842 veio a ser chamado de *Comédia humana* – mobiliza ao todo cerca de 2,5 mil a 3 mil personagens. Desses, mais de quinhentos são personagens que reaparecem. Alguns são apenas citados, mencionados de passagem. Outros reaparecem agindo, intervindo nos acontecimentos. Múltiplas reaparições sublinham a importância do personagem, como acontece com Eugène de Rastignac, que surge como estudante na Casa Vauquer e faz carreira política, reaparecendo em vários outros livros. Jacques Collin (Vautrin), também conhecido como "o Engana-a-Morte", aparece em *O pai Goriot*, em *Ilusões perdidas* e em *Esplendor e miséria das cortesãs*. O doutor Bianchon aparece e reaparece mais de trinta vezes.

Diante dos reaparecimentos, houve reações de perplexidade. Algumas pessoas acharam a idéia interessante. Outras, desconfiadas, temiam o cabotinismo do escritor, acharam que era só uma piadinha que deu certo. E outros, ainda, concordaram com o crítico literário Sainte-Beuve, que achou equivocada a decisão de Balzac de fazer reaparecer de um romance para outro comparsas já conhecidos, porque nada prejudica tanto a curiosidade que nasce do novo e que fica seriamente prejudicada quando, em vez da novidade, o leitor se defronta com algo que já conhece.

No momento em que foi feita, então, a descoberta foi aprovada com sorrisos, mas sem entusiasmo por diversos leitores; e foi severamente criticada por

Sainte-Beuve. Logo, porém, o número dos que aprovaram a inovação cresceu muito e a intensidade da aprovação aumentou consideravelmente. No entanto, até hoje muita gente talvez ainda não tenha compreendido o alcance, a importância, a significação profunda da invenção do autor francês.

Balzac, em geral, não era levado muito a sério. Às vezes, dava a impressão de que nem ele mesmo se levava muito a sério. Oscilava entre o falastrão ("agradável, mas um pouco cansativo", dizia George Sand[1]) e o observador rápido e agudo. Oscilava entre o auto-elogio (sempre um pouco brincalhão) e uma apaixonada dedicação ao trabalho. Fazia sucesso com as mulheres, porém em algumas ocasiões foi bastante egoísta no trato com algumas delas. Escreveu, com pseudônimo, artigos de exaltação das qualidades de seus livros.

Mesmo pessoas que reconheciam seu enorme talento o achavam um tanto vulgar em seus modos. Um pouco dessas reticências persiste e pode ser notado ainda hoje.

Até o momento da Revolução Francesa e das guerras napoleônicas, era possível encarar a História como uma disciplina particular. Também na esfera da vida cotidiana, a História podia ser percebida por amplos setores da população européia como o nível no qual algumas pessoas (os detentores do poder) discutiam acordos e desacordos, divergências políticas e medidas jurídicas, policiais ou militares.

Com a Revolução Francesa (a chamada Primeira República, na história da França) e com Napoleão (no chamado Primeiro Império) – quer dizer, de 1789 a 1815 –, a situação se modificou: mudou muito, e muito significativamente.

O velho procedimento da mobilização compulsória para atividades militares foi adotado numa escala sem precedentes, inicialmente na defesa da República contra os invasores (apoiados pelos aristocratas) e, depois, sob Napoleão, nas expedições mandadas à Espanha, à Itália, à Rússia e o Egito.

Os camponeses, que constituíam a grande maioria da população e cuja vida transcorria rotineiramente, sem grandes transformações, foram sacudidos pelo recrutamento compulsório em larga escala, quando a História invadiu a esfera da vida privada deles. Esse fenômeno exigia que a História fosse repensada.

---

[1] Graham Robb, *Balzac, uma biografia* (São Paulo, Companhia das Letras, 1995), p. 213.

O palco da história política, de repente, estava sendo ocupado por um povo que antes se conformava (que jeito?) em ser espectador passivo, meramente queixoso ou apenas resignado (coisa que de fato ele não era). Novos tumultos ocorriam, paralelamente à criação da indústria e da nova classe: o proletariado industrial. As luzes da Razão não conseguiam mais dissipar novas zonas de concentração de névoa.

No auge do Iluminismo, os teóricos, os pensadores, mas também os escritores e romancistas (gente das ciências e das artes), podiam acreditar que a História era o movimento objetivo que se realizava em uma linha de progresso, o ser humano dominando a natureza e se afirmando como um campeão da racionalidade (o *Robinson Crusoé* de Daniel Defoe).

Balzac não rejeitava totalmente esse objetivismo que tendia a prevalecer entre as concepções da História típicas do Iluminismo. Mas também não se prendia a ele. Em seus romances, sentia-se desafiado a compreender não só as ações (objetivas) dos personagens, como também (subjetivamente) suas motivações. Sabia que, se não conseguisse, não poderia lhes dar vida, isto é, não conseguiria representá-los de maneira convincente, como homens e mulheres do século XIX.

Segundo uma fórmula que o próprio Balzac empregou (e que Engels retomou), era preciso que cada sujeito fosse um tipo. Porém, era igualmente necessário que os personagens tipificados tivessem uma identidade pessoal própria, singular. Ora, para que esses personagens tivessem vida, era imprescindível que fossem sujeitos concretos, "historicizados". E foi aí que a sua descoberta lhe assegurou um enorme avanço na história do romance como gênero literário.

O modo gracioso, alegre, bem-humorado, como ele comunicou o descobrimento à irmã e ao cunhado não nos deve enganar: o que ele inventou era sério – e altamente inovador. Aparecendo em mais de um romance, o personagem era acompanhado pelo olhar do leitor em mais de um momento do movimento da sua vida. Se aparecesse três vezes (como, por exemplo, Etienne Lousteau e Louis Lambert), o leitor poderia comparar (e comparar é conhecer) suas atitudes em três momentos. Quer dizer: o leitor poderia conhecê-lo em sua historicidade bem melhor do que se só tivesse tido ocasião de se defrontar com ele uma única vez. Então, o procedimento inventado pelo romancista lhe possibilitava um adensamento dos personagens e uma maior historicização da trama que se apoiava sobre eles.

Balzac se empenha tanto em compreender seus personagens que chega a se identificar com eles, chega em alguns momentos a viver como se estivesse no mundo deles. Sua irmã Laure conta, a propósito, histórias divertidas. Numa delas, a irmã, curiosa a respeito de um personagem, o capitão Jordy, amigo do doutor Minoret (em *Ursula Mirouet*), indaga o que fazia ele antes de chegar a Nemours. O romancista responde que não sabe: "Não conheci o sr. Jordy antes da sua chegada a Nemours".

A um amigo que havia perdido a irmã e vinha do enterro dela, e que contava como tinha sido a cerimônia, Balzac falou: "Mas, voltando à realidade, com quem vai se casar Eugênia Grandet?".

A identificação do escritor com os personagens e com o mundo deles era tão grande que ele jamais precisou recorrer a um catálogo, para evitar confusões. Não era necessário: o romancista, por assim dizer, conhecia pessoalmente todo mundo. E esse conhecimento personalizado de cada ser singular daquele universo ficcional era algo que não estava ao alcance de Hegel, que era filósofo, e não romancista.

A perspectiva de Balzac era notoriamente conservadora. Ele escreveu, na introdução à *Comédia humana* (e essa é uma das suas frases mais citadas): "Escrevo à luz de duas Verdades sagradas e eternas, a Religião e a Monarquia"[2]. No entanto, Marx o admirava e Engels dizia que tinha aprendido com ele mais coisas do que aprendera lendo os cientistas sociais, os economistas e os filósofos do seu tempo.

Qualquer pessoa que tenha alguma experiência de estudos sobre literatura de ficção conhece esse tipo de fenômeno. Um romancista, sem deixar de ser ele mesmo, sem renunciar a suas idéias, quando está escrevendo pode se sentir tão seduzido pela possibilidade de promover os desdobramentos do estilo, da coerência (e da verossimilhança) do seu personagem a ponto de "esquecer" sua convicção pessoal como autor.

Não há por que duvidar da sinceridade da convicção de Balzac ao dizer que

---

[2] Honoré de Balzac, *A comédia humana*, ed. Paulo Rónai (Porto Alegre, Globo, 1955), v. 1.

escreve à luz da verdade sagrada e eterna da religião. Seu respeito pela Igreja católica era inegável. No entanto, como observou André Wurmser[3], os padres que aparecem na *Comédia humana* são figuras que não se prestam, nem um pouco, à propaganda da instituição. O padre Birotteau, irmão de César, é um bobalhão. O padre Troubert é um intrigante. Os padres Bonnet, Brossette e Janvier se ocupam quase exclusivamente dos bens terrenos. O padre Fontanon, de *Uma dupla família*, é quem delata o adultério do marido à sra. de Granville.

Um romancista que se dispõe a criar personagens "vivos" tentará evitar que suas criaturas se reduzam a marionetes, a bonecos de ventríloquo. E isso é especialmente verdadeiro para o romancista Balzac. Com a sua identificação com o mundo dos personagens e com a sistemática do reaparecimento deles em livros diferentes, Balzac era levado a representá-los em seus conflitos, em suas aspirações, em seus interesses, em seus desejos, em suas frustrações de tal maneira que pareciam autônomos. E os conflitos, as frustrações e os interesses apareciam com maior força e como mais verdadeiros.

Um de seus personagens (em *Memórias de duas jovens esposas*), o duque de Chaulieu, embaixador da França na Espanha, afirma que os franceses, afinal, precisam escolher entre dois sistemas: a democracia ou a aristocracia. Em outras palavras: "ou constituir o Estado pela família ou constituí-lo pelos interesses pessoais"[4].

Balzac, pessoalmente, partilhava dessa convicção. Quando narrava em seus romances as vicissitudes dos seus personagens, porém, o que via era a hegemonia burguesa, com seu individualismo exacerbado, reduzindo a família a quase nada.

Em *Ursula Mirouet*, há um momento em que o jovem visconde Savinien de Portenduère, noivo de Ursula, é preso em Paris por dívidas e, para desespero de sua mãe, ninguém da família o ajuda. Quem lhe paga a fiança, a pedido de Ursula, e lhe dá uma chance de reabilitação, é o doutor Minoret. Savinien diz para a mãe: "Não há mais família, hoje em dia, minha mãe, há somente indivíduos"[5].

Num dos livros mais notáveis da *Comédia humana*, *O pai Goriot*, o

---

[3] André Wurmser, La comédie inhumaine (Paris, Gallimard, 1965), p. 210.

[4] *Mémoires de deux jeunes mariées* (Paris, Garnier Flammarion, 1974), p. 116.

[5] *Ursule Mirouet* (Paris, Livre de Poche, 1968), p. 177.

personagem que dá seu nome ao título vive numa pensão ordinária, depois de ter gasto toda a sua fortuna no dote de suas duas filhas, assegurando a ascensão social de ambas. E morre na solidão, porque as duas moças não podiam perder uma festa que lhes dava oportunidade de aparecer em sociedade

Paralelamente ao caso das filhas que desprezam o pai (que se sacrificou por elas), temos em *As ilusões perdidas* o caso do velho Séchard, o pai avarento que diz ter se sacrificado pelo filho David, mas na verdade o despreza e faz chantagem afetiva para forçar o moço a assinar promissórias.

A família vai sendo minada pelo descrédito, tanto vertical como horizontalmente. Pais e filhos se estranham, irmãos ignoram irmãos. Em *Eugênia Grandet*, o velho Grandet – outro avarento – recebe simultaneamente uma carta do irmão, anunciando que ia se suicidar e lhe pedindo para cuidar do filho que deixava. Logo chega a confirmação do suicídio e, em seguida, chega o sobrinho, rapaz bonito, que faz brilhar os olhos de Eugênia, a filha de Grandet. E, em vez de atender ao apelo do irmão desesperado, o avarento encaminha o sujeito para a Índia. A ajuda que ele lhe dá se reduz a um conselho: "Vá ganhar dinheiro na Índia"[6]. Eugênia, que se apaixona pelo primo, é quem lhe dá ajuda, mas sua solidariedade resulta em pura perda, porque o primo é um ingrato e afinal casa com outra (um casamento mais vantajoso).

A instituição do casamento sempre foi problemática. A Igreja católica fez dela um sacramento, mas, ao mesmo tempo, apoiava negociações que não tinham nada que ver com amor ou com sentimentos religiosos. Napoleão Bonaparte se casou com a filha do imperador da Áustria, Francisco II, e a motivação tinha um caráter obviamente político (que a Igreja teve de engolir).

Com o descrédito da família, o casamento – instituição capaz de criar as novas famílias – também passou a se ressentir de um crescente desprestígio. O personagem Henri de Marsay, sabendo que seu amigo Paul de Manerville vai se casar, tenta argumentar contra a decisão:

Quem se casa, atualmente? Comerciantes, no interesse do seu capital. Camponeses, para serem dois a empurrar o arado. Agentes de câmbio ou tabeliões, que são obrigados a pagar por seus cargos. E reis infelizes, para continuar dinastias desgraçadas.[7]

---

[6] *Eugénie Grandet* (Paris, Livre de Poche, 1971), p. 110.

[7] *O contrato de casamento*, em *A comédia humana*, cit., v. 4, p. 394.

E, como Paul de Manerville fala em amor, De Marsay o adverte: "O amor é apenas uma crença, como a da imaculada concepção da Santa Virgem"[8]. Rastignac, em *A casa Nucingen*, assegura a Malvina, filha do barão de Aldrigger, primeiro patrão do banqueiro Nucingen, que "o casamento é uma associação comercial para suportar a vida". E Julie d'Aiglemont, em *A mulher de trinta anos*, desabafa para um padre:

> Nós, as mulheres, somos mais maltratadas pela civilização do que pela natureza. [...] É sobre nós, e apenas sobre nós, que o casamento faz sentir todo o seu peso. [...] Tal como hoje existe na prática, o casamento me parece ser uma prostituição legal.[9]

É impossível não enxergar no desabafo de Julie idéias do socialista utópico Fourier. Balzac poderia mesmo ter conhecido pessoalmente Fourier, que morreu em 1837, quando o romancista tinha 38 anos. Tudo indica que não conheceu. Na *Comédia humana*, entretanto, pode-se comprovar que o romancista acompanhava com espírito simpático, porém debochado, o movimento dos discípulos de Fourier.

Convém ressalvar, mais uma vez, que Balzac não é democrata, republicano, e portanto não é socialista. O que o fourierismo lhe traz é munição para a crítica da burguesia. Balzac acha a burguesia sem grandeza. No máximo, ela é capaz de levar um perfumista falido como César Birotteau a se tornar admirável pelo esforço em reabilitar sua firma e sair da falência. Os burgueses da *Comédia humana* não pensam grande, mesmo quando são eficientes.

Para Balzac, a propriedade privada é "natural". Quem se propõe a aboli-la, a superá-la, está abandonando o terreno da sensatez. A hegemonia burguesa, contudo, pondo a vida numa situação de dependência do mercado, vem relativizando e enfraquecendo os genuínos valores humanos, em geral.

O sentimento nobre por excelência, na vida como nos livros, era o sentimento do amor, reconhecido como um valor universal. Olhando em volta, porém, Balzac observava que o amor, para existir, era convocado a pagar tributos pesados a motivações mercenárias, utilitárias, mensuráveis. O amor era interpelado pelo dinheiro.

---

[8] Ibidem, p. 397.

[9] *A mulher de trinta anos*, em *A comédia humana*, cit., v. 3, p. 394.

Processa-se uma comercialização generalizada da vida. Tudo pode, em princípio, ser comprado e ser vendido. Tudo – quase tudo! – é vendável. Um herói dos novos tempos é o vendedor talentoso que dá título ao volume *O ilustre Gaudissart* e ainda a *Gaudissart II*. Um de seus feitos heróicos foi a venda de um véu ordinário a uma senhora inglesa, a quem o pilantra convenceu de que estava adquirindo um véu que pertencera à imperatriz Josefina, mulher de Napoleão.

Gaudissart, entretanto, ainda era um artesão da malandragem. Os gigantes da nova ordem eram os banqueiros. Em *Melmoth apaziguado*, há uma referência aos "corsários que enfeitamos com o nome de banqueiros". E Balzac deixa clara sua convicção de que, "desde 1815, o princípio da honra foi substituído pelo princípio do dinheiro"[10].

O que é curioso nessa afirmação é que 1815 assinalou o fim da era napoleônica e o início da restauração monárquica. O romancista, então, embora fosse adepto da monarquia, manifestava sua decepção com a volta ao poder dos monarquistas.

Era como se, ao escrever seus romances, a lógica do movimento dos personagens prevalecesse sobre as posições assumidas pelo autor. Era como se, entregue à criação ficcional, Balzac reconhecesse um processo histórico que prevalecia na consolidação da sociedade burguesa, embora seu olhar buscasse elementos que confirmassem sua perspectiva teórico-política.

Balzac queria se divertir e divertir seus leitores, contando-lhes histórias que emocionassem, que proporcionassem uma leitura agradável. Apontava para o lado simpático dos malandros boêmios – Léon de Lora e Bixiou, que orientavam o parente caipira na sua descoberta de Paris (*Os comediantes sem o saberem*). No entanto, o fato de não se deixarem intimidar pela lei indicava uma situação da qual os principais beneficiários não eram os boêmios, mas os banqueiros.

O banqueiro mais impressionante é Gobseck. Balzac fala da sua figura e diz que ele merecia ser pintado por Rembrandt. Paulo Rónai, em sua excelente introdução à edição brasileira da *Comédia humana*, nota que Gobseck vai além

---

[10] *Melmoth apaziguado*, em *A comédia humana*, cit., v. 15, p. 269 (para as duas citações).

da avareza instintiva e tem toda uma filosofia da usura, baseada na onipotência do dinheiro. Nesse sentido, Balzac nos punha diante de um fenômeno novo: "Gobseck é o avarento desenvolvido pela sociedade capitalista"[11].

Gobseck ensinava ao jovem advogado Derville:

> Nada é fixo, aqui em baixo. Só existem convenções que se modificam. [...] Em toda parte está estabelecido o combate entre o pobre e o rico; em toda parte ele é inevitável. Então, vale mais a pena ser explorador do que explorado.[12]

As sociedades humanas sempre devem ter sido contraditórias. A sociedade burguesa nos põe diante de contradições perturbadoras. Ao mesmo tempo em que movimentos sociais trazem algumas conquistas para o povo e para os trabalhadores, os detentores do poder e da riqueza passam a dispor de instrumentos mais sofisticados e mais eficazes de defesa de seus privilégios. E as leis não resolvem esse problema, já que elas são como teias que capturam os insetos pequenos, mas são furadas pelos grandes. Textualmente: "As leis são teias de aranha que prendem as moscas pequenas, mas não podem prender as grandes"[13].

As moscas grandes são os políticos De Marsay e Rastignac, os financistas Nucingen e Gobseck. Por um momento, parecia que um gênio do crime, um marginal chamado Jacques Collin, vulgo Vautrin, poderia se tornar uma mosca grande e impune, porém isso era impossível.

Percebe-se na leitura de *O pai Goriot*, de *Ilusões perdidas* e de *Esplendor e miséria das cortesãs*, que Balzac tinha certo carinho pelo personagem, não gostaria de vê-lo destruído. Sabia-o condenado à derrota, solitário, rebelde sem causa, porém queria poupá-lo. A solução encontrada pelo romancista foi a de uma capitulação: Vautrin renunciou à sua existência de fora-da-lei e o Estado o cooptou, contratando-o como alto funcionário da polícia, fornecedor de informações preciosas sobre o baixo mundo.

Paradoxalmente, Vautrin, o salvador de Lucien de Rubempré, o fantástico padre Herrera, tornou-se um delator, tal como a desprezível senhora Michonneau, que foi quem o entregou à polícia na época em que morava na pensão Vauquer.

---

[11] Paulo Rónai na Introdução à *Comédia humana*, cit, p. 456.

[12] *Gobseck*, em *A comédia humana*, cit., v. 3, p. 465.

[13] Ibidem, p. 469.

Balzac adoraria ser rico. Em diversas ocasiões, tentou fazer negócios que, de acordo com seus cálculos, lhe dariam grandes lucros, mas em geral lhe deram prejuízos. Certa vez estava tão desanimado que escreveu para a condessa Hanska: "Estou chegando ao extremo da minha resignação. Acho que vou deixar a França e vou levar minha carcaça para o Brasil, em algum empreendimento maluco" (3-7-1840)[14].

As imensas dificuldades com que se defrontava para tentar enriquecer levaram-no a indagar, com uma desconfiança cada vez maior: como os ricos se tornaram ricos? Em *Os camponeses*, o vagabundo Fourchon interpela o padre que o censura:

Que diferença há entre mim e esse bravo, esse honrado tio Viseron, vinhateiro de setenta anos, que durante sessenta cavou a terra, se levantou todos os dias antes do amanhecer para ir trabalhar [...] e está tão pobre quanto eu?[15]

É verdade que Fourchon é um meliante, mas seu argumento impressiona: olhando em volta, o romancista tinha uma grande dificuldade para enxergar pessoas que tivessem enriquecido no e pelo trabalho.

Aos poucos, Balzac vai se convencendo de que na origem das fortunas há sempre – ou quase sempre – um ato muito feio. O velho Grandet, pai de Eugênia, aproveitou o dote da mulher para comprar vinhedos em Saumur, terras que haviam sido confiscadas durante a Revolução Francesa e que foram vendidas em um leilão cheio de irregularidades. Depois, ganhou muito dinheiro com contratos de fornecimento ao exército.

O senador Malin, redator do Código Civil de Napoleão, fez fortuna pela aquisição fraudulenta das terras de Gondreville, como se lê em *Um caso tenebroso*. A simples indagação a respeito da origem das fortunas é uma terrível ameaça. Em *A estalagem vermelha*, num almoço realizado em 1819, conta-se a história de um assassinato cometido em 1799, por um médico, para roubar uma maleta com cem mil francos em ouro e diamantes. O assassino fugiu e deixou um amigo ser acusado, condenado e executado pelo crime. O almoço é convocado por um personagem não identificado, apaixonado por Victorine Taillefer, filha do provável assassino.

---

[14] Apud Graham Robb, *Balzac, uma biografia*, cit., p. 213.
[15] *Os camponeses*, em *A comédia humana*, cit., v. 13, p. 78.

O personagem reúne amigos aos quais ele pergunta se, eticamente, pode se casar com a moça sem apurar exaustivamente o passado do suspeito, Frederic Taillefer. E um amigo advogado protesta: "Onde estaríamos todos se fosse preciso pesquisar a origem das fortunas?"[16].

Em *A interdição*, o juiz Popinot tem cara de bezerro (porque é obrigado a ouvir arrazoados muito chatos), mas é íntegro. A pedido do doutor Bianchon, ele visita a marquesa e o marquês d'Espard, que vivem separados. A marquesa pede judicialmente a interdição do marquês, que estaria dando terras a pessoas que não tinham nada que ver com ele.

O marquês d'Espard se explica: descobrira que o avô havia se apropriado indebitamente de terras de uma família protestante, durante uma onda de perseguição. Sentiu-se obrigado a restituí-las. Localizou descendentes das vítimas, pagou-lhes pelas terras.

O juiz Popinot ficou impressionado: "Se os possuidores de bens adquiridos por apropriação indébita há cinqüenta anos fossem obrigados a restituí-los, muito poucas propriedades continuariam nas mãos daqueles que as detêm"[17].

No dia seguinte, o presidente do Tribunal manda avisá-lo de que ele havia sido substituído no julgamento do caso pelo juiz Camusot, corrupto. A marquesa estava disposta a vencer o pleito judicial de qualquer maneira. O interesse prevalecia – se necessário, com truculência – sobre os princípios e os escrúpulos.

Um movimento antiético análogo está representado no *Coronel Chabert*. O coronel é gravemente ferido na batalha de Eylau e é dado como morto. Quando se recupera, depois de uma longa convalescença, Chabert fica sabendo que sua suposta viúva se casou novamente com um nobre e tem filhos do novo marido. Ela lhe diz que suas cartas nunca chegaram. Discretamente, o infeliz coronel se dispunha a desaparecer, deixando-a livre, porém a "viúva", de fato, só queria se assegurar de que o "falecido" não procuraria reaver os bens dele, que ela havia herdado. Quando toma conhecimento dessa disposição da ex-mulher, ele lhe diz, altivo: "Minha senhora, eu não a odeio. Eu a desprezo"[18].

---

[16] *A estalagem vermelha*, em *A comédia humana*, cit., v. 16, p. 335.

[17] *A interdição*, em *A comédia humana*, cit., v. 4, p. 380.

[18] *Le Colonel Chabert* (Paris, Livre de Poche, 1964), p. 80.

Além do tema do dinheiro, da influência crescente da propriedade e da sua relação problemática com o amor, os romances de Balzac deixam transparecer uma constante preocupação com a condição feminina. É difícil encontrar entre os grandes escritores um homem que tenha se interessado tanto pelo universo feminino como Balzac. Seu conterrâneo e contemporâneo Stendhal criou personagens femininas maravilhosas, como madame de Renal e Matilde de la Mole, em *O vermelho e o negro*, ou a duquesa Sanseverina, em *A cartuxa de Parma*, mas a diversidade das personalidades e a amplitude do espaço reconhecido às mulheres na *Comédia humana* se impõem à nossa observação e à nossa reflexão, constituem um fenômeno incomum, um traço marcante do realismo do escritor.

São numerosos os romances de Balzac que já no título homenageiam mulheres: *Eugênia Grandet*, *A prima Bette*, *Honorine*, *Beatrix*, e diversos outros. A atitude de Balzac diante do universo feminino é ambígua. É fácil descobrir manifestações de preconceito nos seus textos. Examinando, contudo, as condições históricas da primeira metade do século XIX, não se pode deixar de reconhecer que o romancista reflete em última análise de maneira positiva as mudanças nos costumes e as conquistas alcançadas pelas mulheres.

Saudado pela quase unanimidade da crítica como uma obra-prima, *A prima Bette* tem como personagem título Lisbeth Fischer, mulher feia e invejosa que conspira contra a prima Eveline Hulot e contra a vizinha Valerie Marneffe.

A prima Eveline é muito ingênua e se deixa manipular pelo marido, que é um canalha, de modo que a prima Bette não tem dificuldades para lhe causar danos. Já com Valerie a situação é diferente; Bette precisa ser cuidadosa, porque a vizinha é espertíssima (além de muito bonita).

Valerie é casada com um funcionário devasso, que a usa para conseguir promoções no seu emprego. Mas está longe de ser uma marionete nas mãos do marido: seu talento de sedutora lhe permite, em dado momento, dizer que está grávida e convencer cada um dos seus quatro amantes fixos de que é o pai do bebê.

Independentemente da condenação moral da moça, que morre assassinada por envenenamento no final do livro, Balzac transmite aos leitores certa admiração por Valerie, que põe os homens numa situação bastante ridícula: o banqueiro Crevel, o barão Hulot, o escultor polonês Wenceslas Steinbock e o fazendeiro brasileiro Montes de Montejanos (*sic*), proprietário de uma fazenda com mais de cem escravos no interior de São Paulo.

Para Balzac, não se trata de cobrar das mulheres atitudes heróicas ou exemplos de santidade na luta permanente que elas travam para ser elas mesmas. De certo modo, o romancista quer vê-las e representá-las em movimento, cada uma explorando as possibilidades que enxerga nos limites da própria caminhada.

Em alguns casos, as mulheres da *Comédia humana* são figuras trágicas. A jovem Paquita Valdes, de *A menina dos olhos de ouro*, tem uma ligação amorosa com outra mulher, porém se sente atraída por Henri de Marsay. Sentindo-se traída, Margarita Euphemia de San Real mata a amante, a linda Paquita. Um dado essencial, que não era do conhecimento de nenhum dos personagens e que explicava, em certa medida, a atração de Paquita por Henri: Margarita Euphemia e De Marsay eram irmãos, filhos adulterinos de lorde Dudley. Eram parecidíssimos.

Em outros casos, é a fidelidade de uma personagem feminina a si mesma – o compromisso assumido com o que ela considera sua dignidade – que desencadeia conseqüências trágicas. Em *A mulher abandonada*, a viscondessa Claire de Beauseant, abandonada pelo amante, o português Ajuda-Pinto (*sic*), inspira uma paixão em Gaston de Nucil. Embora apaixonado por Claire, Gaston se casa, por interesse, com outra mulher. Ainda procura a viscondessa, porém ela se recusa a recebê-lo, e ele se mata.

Em *Honorine*, a personagem que dá título ao livro é casada com Octave de Bauvan, mas não o ama. Tenta se separar dele, para viver com independência, fazendo e vendendo arranjos florais, todavia não consegue sobreviver com o que ganha. O marido vai buscá-la e ela concorda em voltar para ele. Escreve, porém, a uma amiga: "A intimidade sem amor vai me desonrando, o tempo todo"[19]. E, em contraste com a viscondessa Claire, cujo admirador se suicida, é ela quem se mata.

Também pode ser encontrada, eventualmente, uma dimensão grotesca no destino de uma ou outra personagem feminina do romancista. Creio que ela aparece, por exemplo, no final de *A mulher de trinta anos*. Julie é casada com o coronel Victor e é amante de Charles Vandenesse, com quem tem vários filhos.

---

[19] *Honorine* (Paris, Livre de Poche, 1968), p. 340.

Uma filha morre, outra mata um irmão, os filhos causam grandes tumultos na vida de Julie. E, quando ela tenta questionar uma filha por causa de uma escolha amorosa altamente problemática, incestuosa (a moça quer se casar com um integrante da família Vandenesse, que é a família do amante de sua mãe e do pai de seus irmãos), Julie quer impedi-la: vai atrás dela, emocionada, tenta falar-lhe, engasga e morre.

Não podemos deixar de recordar com uma atenção especial duas historinhas impregnadas de uma suave ironia. Uma delas é o delicioso conto "A paz conjugal". A jovem senhora de Soulanges é casada com um marido infiel que lhe deu de presente um anel de diamante, porém o retomou furtivamente e o deu a uma amante, a senhora de Vaudremont; ela, por sua vez, o deu ao barão Marcial. E o barão Marcial, num baile, se mostra encantado pela senhora de Soulanges.

Balzac descreve com enorme sensibilidade histórica (quer dizer, realismo) o ambiente do baile. As famílias exibindo suas moçoilas em flor para os pretorianos de Napoleão. Os corações se tornando nômades como os regimentos. Nesse quadro, era normal que a ação das pessoas, tanto no que se refere ao amor como no que concerne à propriedade, assumisse características de estratégias militares, aos olhos do autor da *Comédia humana*. Como era normal que a senhora de Lansac, "estrategista", ensinasse à sua sobrinha que, nas condições da sociedade burguesa, a segurança valia mais do que o prazer.

Orientada pela veterana senhora de Lansac, sua tia, a senhora de Soulanges, dançando com o barão Marcial, elogia o anel. Ele, imediatamente, o tira do dedo e o oferece a ela. Com surpreendente desenvoltura, ela o aceita, conta-lhe o que acontecera e diz: "Meu anel viajou. Eis tudo".

Em casa, o marido infiel lhe beija a mão e sente a dureza da pedra nos lábios. Então, pergunta: "O que você tem no seu dedo, meu bem?". E ela lhe diz: "É aquele meu anel de diamante, que você me informou que estava perdido e eu achei"[20].

O fato de ter recuperado o anel de diamante pode parecer numa primeira leitura uma vitória limitada, aquela alcançada pela senhora de Soulanges. No entanto, o que ela mostra ao marido, com segurança e sutileza, é que ela, afinal,

---

[20] *A paz conjugal*, em *A comédia humana*, cit., v. 2, p. 418-21.

sabe de tudo; e que está em condições de promover uma mudança histórica no casamento deles (e, eventualmente, em sua vida).

É um momento em que a historicidade particular do casal se articula com um movimento mais amplo. O senhor e a senhora de Soulanges travam um duelo que se insere na tensa transformação da família e do casamento.

A outra historinha é a dos *Segredos da princesa de Cadignan*. Balzac estava convencido de que era absurdo pretender que a idade do amor, para a mulher, deveria ser situada entre os 15 e os 22 anos, como se sustentava na época. Daí sua especial atenção à mulher de 30 anos. Mas ele foi além disso.

Dando conta do amor de Diana de Uxelles, duquesa de Montfrigneuse, princesa de Cadignan, pelo escritor D'Arthez, Balzac mostra como sua personagem seduz o intelectual, lendo os jornais de manhã para puxar assunto à noite, ou se interessando por filosofia. E a faz indagar com toda a candura: "Encaminho-me para os 40 anos. É possível amar uma mulher tão velha?"[21].

Independentemente do humor e da representação irônica da mulher intelectualizada (o gênero que ficou conhecido como *bas bleu*), Balzac foi identificado pelas mulheres como um vigoroso aliado na luta delas por mais liberdade. Seus romances certamente contribuíram para legitimar uma ampliação da faixa etária em que o direito ao amor ativo e efetivo era reconhecido às mulheres. Ninguém como ele, na época, consagrou os encantos da mulher que – em homenagem a ele, justamente – viria a ser chamada de balzaquiana.

Em sua imensa maioria, os romances de Balzac foram escritos durante o reinado de Luís Filipe (1830-1848). A burguesia, animada com a exploração colonial da Argélia e com a rápida expansão da rede ferroviária, obteve grandes lucros. Naquele período, as organizações operárias eram pequenas, poucas e fracas. A revolução de 1848, que derrubou Luís Filipe, contou com uma expressiva participação de socialistas. Marx e Engels vibraram. Balzac, contudo, em seus três últimos anos de vida (ele morreu em 1850), tomou distância em relação às esquerdas.

Duas tentativas (fracassadas) de ingressar na Academia Francesa de Letras entristeceram o escritor. Até hoje, os críticos se perguntam por que Balzac inspirava forte desconfiança aos conservadores. Luiz Costa Lima opina:

---

[21] *Os segredos da princesa de Cadignan*, em *A comédia humana*, cit., v. 9, p. 530.

O romantismo "normal", i. é, aquele que domina nas primeiras décadas do século XIX, patriótico e sentimental, torna a prática literária aceitável pelo sistema do poder. A literatura se institucionalizou à medida que disfarçou ou abrandou sua força ficcional.[22]

O historiador inglês Graham Robb conta que Balzac, preocupado com o crescimento dos democratas radicais, indagou de George Sand, que naquele momento era simpatizante da esquerda, o que ela faria se verificasse que naquele momento suas empregadas domésticas estavam aderindo às idéias subversivas dos democratas radicais[23].

Um escritor "progressista" não teria essas apreensões conservadoras, não manifestaria esse medo. Talvez ficasse assustado com a possibilidade de tumultos. O reconhecimento profundo da necessidade das mudanças não assegura uma firme confiança na ação das massas. A tentação maior para Balzac era se apoiar nas qualidades de seus personagens preferidos para fazer as reformas imprescindíveis. Esses personagens, entretanto, fracassaram. Balzac, em todo caso, não tinha compromisso com o programa dos que se empenhavam em construir a sociedade futura nem com os princípios herdados do passado. Não lhe passava pela cabeça a idéia de torcer a realidade, atribuindo-lhe de modo interesseiro uma significação conveniente. Sua honestidade intelectual se mostrou mais eficaz do que qualquer doutrina.

Friedrich Engels, que admirava muito Balzac, escreveu em 1888 uma carta a miss Harkness, na qual diz:

> Que Balzac tenha sido forçado a contrariar suas próprias simpatias de classe, que ele enxergue a necessidade da derrota de seus aristocratas favoritos e que ele os descreva como pessoas que não mereciam mesmo destino melhor, que ele veja os homens que verdadeiramente tinham futuro onde eles de fato, na época, poderiam ser vistos, é isso que eu considero uma das maiores vitórias do realismo e uma das melhores características do velho Balzac.[24]

---

[22] Luiz Costa Lima, *O fingidor e o censor* (Rio de Janeiro, Forense Universitária, 1988), p. 4.

[23] Graham Robb, *Balzac, uma biografia*, cit., p. 345.

[24] Marx / Engels, *Ausgewählte Briefe*, cit., p. 483.

Engels fala, prudentemente, em "uma das maiores vitórias do realismo". Com isso, nos deixa aberta a possibilidade de apontar outra vitória do realismo: a capacidade de Balzac, espontaneamente, ter formado na sua obra romanesca um conjunto extremamente expressivo, uma combinação magnífica de episódios e conflitos, um feixe de contradições, que revela – em sua dimensão subjetiva – o sistema que seu contemporâneo Marx estava desmistificando, objetivamente.

No romance *César Birotteau*, o personagem Claparon fala da busca de trufas. Os porcos, que adoram trufas, farejam-nas sob a terra; os empresários que lucram com as iguarias usam os porcos para localizá-las e, para impedir que eles as devorem, põem focinheiras nos animais. Quando os porcos localizam as trufas, os empresários removem as focinheiras, colocam-nos no chiqueiro, dão-lhes batatas para comer e vendem as trufas a preços altíssimos. É uma imagem sugestiva do capitalismo, com os empresários, os trabalhadores (os porcos), as focinheiras (sistema legal e repressão) e a mais-valia (exploração do talento para encontrar as trufas).

À vitória do realismo que Engels enxergou nas batalhas travadas pelos personagens pode se acrescentar esta outra vitória: a do panorama geral da guerra entre os donos das focinheiras e os porcos farejadores.

REALISMO EM FERNANDO PESSOA?

Com sua experiência, com sua aguda sensibilidade, Cleonice Berardinelli se pergunta: "haverá poeta realmente realista?"[1]. A indagação é ótima, a dúvida é procedente. Acabamos de discorrer sobre um romancista em cuja obra a atenção dada à dinâmica e às contradições da realidade social se manifestou num exuberante realismo. Esse realismo, tal como o encontramos nos romances de Balzac, dificilmente poderia ser encontrado na maioria das obras poéticas. E – com certeza – é impossível encontrá-lo em Fernando Antonio Pessoa.

Qual é, então, o sentido de termos incluído o genial poeta português, ao lado de Balzac, num ensaio sobre o realismo?

I

Deixemos, por um momento, sem resposta essa questão. Antes de tentar esclarecer o porquê da opção, quero recordar aqui, rapidamente, alguns momentos da trajetória do poeta, alguns traços da sua personalidade.

Falando dos primeiros anos de vida do poeta, João Gaspar Simões escreveu: "Se bem que não fossem abastados, os pais de Fernando Antonio viviam numa mediania muito superior à mediania de que gozavam, por esse tempo, as famílias de burocratas lisboetas"[2].

O pai era funcionário da Secretaria de Estado e trabalhava na redação do *Diário de Notícias*, de Lisboa. Morreu, tuberculoso, quando o filho ainda era

---

[1] Cleonice Berardinelli, *Fernando Pessoa: outra vez te revejo...* (Rio de Janeiro, Lacerda/ Cátedra Jorge de Sena, 2004), p. 27.

[2] João Gaspar Simões, *Vida e obra de Fernando Pessoa* (Lisboa, Bertrand, 1980).

menino. A mãe casou-se de novo, com o oficial de marinha João Miguel Rosa, que era cônsul do governo português em Durban, na África do Sul.

Fernando Pessoa, até os 17 anos, viveu em Durban; foi educado sob o peso das tradições do colonialismo britânico no seu apogeu. A esse peso acrescentava-se o do conservadorismo católico lusitano: em 1896, aos 8 anos de idade, fez sua primeira comunhão.

Teria sofrido, depois, a influência de uma tia, de nome Maria Xavier, e a de um irmão do padrasto, general Henrique Rosa, terrivelmente pessimista. Outra tia (tia Anica), irmã de sua mãe, atraiu-o para sessões espíritas. Fernando Pessoa se interessou muito por teosofia, por astrologia e pelas ciências ocultas, em geral, assuntos pelos quais manteve o interesse mesmo quando voltou a morar em Lisboa, em 1905. Confidenciou a seu amigo Sá-Carneiro que chegou a pensar em se estabelecer como astrólogo em Lisboa. Entrou em contato com o conhecido astrólogo inglês Aleister Crowley, que foi visitá-lo.

Matriculou-se no curso superior de Letras, mas não chegou a cursá-lo. Com o dinheiro que herdara da avó, montou uma tipografia, porém o empreendimento não foi adiante. Empregou-se, então, em escritórios de firmas comerciais, incumbido de redigir cartas em inglês e em francês, línguas que dominava.

Desprovido de espírito prático e de habilidades políticas, malogrou na sua tentativa de jornalismo em *O Jornal Lisboeta*, como já havia malogrado na tipografia Íbis e como haveria de malograr na sua habilitação ao cargo de conservador bibliográfico do museu-biblioteca Conde Castro Guimarães.

A vida pública de Fernando Pessoa foi toda uma sucessão de derrotas diante da "sociedade organizada e vestida", contra a qual seu heterônimo Álvaro de Campos buscava afirmar uma desesperada liberdade individual.

II

No dia 8 de março de 1914, Fernando Pessoa escreveu, "numa espécie de êxtase", trinta e tantos poemas. "Aparecia alguém em mim, a quem dei desde logo o nome de Alberto Caeiro"[3]. Depois vieram, em rápida sucessão, Ricardo Reis e Álvaro de Campos.

---

[3] Os textos de poemas de Fernando Pessoa aqui utilizados são extraídos de Fernando Pessoa, *Obra poética* (org. Maria Aliete Galhoz, Rio de Janeiro, Nova Aguilar, 2001).

Deixando de lado o semi-heterônimo Bernardo Soares, temos não um, mas quatro poetas importantes na literatura portuguesa. Fernando Pessoa tornou-se um poeta quádruplo.

Para cada heterônimo, Pessoa fornece informações biográficas. Os três se conhecem, falam uns dos outros, manifestam divergências significativas. Álvaro de Campos estreou com a "Ode triunfal". Mais tarde, fez a bela "Ode marítima", com cerca de novecentos versos. Caeiro e Ricardo Reis jamais escreveriam um poema tão longo. Segundo Álvaro de Campos, Ricardo Reis falava muito de "alturas" e se movia no limitado espaço dos "píncaros". Segundo Ricardo Reis, Álvaro de Campos tinha um bom domínio do ritmo, mas era o ritmo da prosa.

Fernando Pessoa não se reconhecia em alguns sentimentos e idéias dos heterônimos. Desaprovou a "blasfêmia infantil" e o "antiespiritualismo absoluto" do oitavo poema de *O guardador de rebanhos*, de Caeiro. Para Pessoa, a ética de Caeiro era a da simplicidade. A de Reis era a pagã, meio epicurista, meio estóica. De Álvaro de Campos ele dizia que era amoral, talvez imoral.

De onde veio esse desdobramento em diversos personagens? O próprio Pessoa não sabe, apenas aproveita o fenômeno. Declara-se "escravo da multiplicidade de si próprio". Em uma famosa carta a Adolfo Casais Monteiro, escrita em seu último ano de vida, ele discorre sobre os heterônimos, porém não extrai deles nenhuma informação nova e reveladora. Em carta a dois psiquiatras franceses, em 1919, Pessoa se classifica como histérico e neurastênico, atribuindo seu desdobramento nos heterônimos a um predomínio da neurastenia. Esteticamente, entende que a sua poesia, embora continue sendo lírica, tem vocação dramática.

Aludindo à Santíssima Trindade (Pai, Filho e Espírito Santo), Álvaro de Campos indaga: "Deus não tem unidade, como a terei eu?". E "falhei a tudo, mas sem galhardia./ Nada fui, nada sei e nada fiz,/ nem colhi nas urtigas do meu dia/ a flor de parecer feliz".

Como neurastênico, o poeta não toma iniciativas, não age, e assiste passivamente ao agravamento dos problemas que o envolvem. "A ação pesa sobre mim como uma danação: agir, para mim, é violentar-me". Diz Álvaro de Campos: "Serei sempre o que esperou que lhe abrissem a porta ao pé de uma parede sem porta". Essa postura o leva à autocondenação: "Fui como ervas, e não me arrancaram".

Caeiro agrava a situação, com sua recusa ao pensar: "pensar é essencialmente errar". Refletir sobre o passado é alimentar equívocos: "o que foi não é nada, e lembrar é não ver". A quem vier discutir essa redução do mundo a um presente fetichizado, Caeiro poderá sempre responder com seus versos: "Pouco me importa./ Pouco me importa o quê?/ Não sei; pouco me importa".

O elegante Ricardo Reis segue seu mestre Caeiro no desapreço pelo pensar. No Olimpo, escreve ele, "os deuses são deuses/ porque não se pensam".

O próprio Fernando Pessoa, porém, pensava muito, até para poder questionar o pensamento.

III

O conservadorismo português do tempo da ditadura de Salazar nunca chegou, de fato, a confiar no poeta rebelde. Em dezembro de 1934, o Secretariado de Propaganda Nacional concedeu ao livro *Mensagem*, de Fernando Pessoa, o prêmio de "segunda categoria". O prêmio de "primeira categoria" foi dado ao livro *Romaria*, de Vasco Reis.

Havia um toque grotesco na homenagem feita àquele que já era reconhecido como o maior poeta português desde Camões. A mesma falta de reconhecimento dos governantes portugueses no século XVI em relação a Camões, aliás, os detentores do poder tiveram na primeira metade do século XX em relação a Fernando Pessoa.

Pessoa morreu de cirrose, menos de um ano após a homenagem, em 30 de novembro de 1935. Sem pretender justificar seu vício, talvez devamos considerar o desgaste suportado pelo intelectual honesto sob a ditadura de Salazar. O poeta, de resto, não se envergonhava de beber. Nos escritórios comerciais onde trabalhava, quando achava que tudo estava ficando muito chato, anunciava que ia ao bar, sem constrangimento. E, com humor, mandou para a eterna noiva Ophelia um retrato seu no ato mesmo de beber; e escreveu o título da foto: "Flagrante delitro".

A visão sociológica de Pessoa era precária. Politicamente, não tinha idéias claras, nem pensamento amadurecido. Gaspar Simões escreveu: "Todas as vezes que teve de concretizar o seu pensamento político, fê-lo de forma pueril e vaga"[4].

---

[4] João Gaspar Simões, cit.

Em 1913, ele previa na poesia portuguesa o aparecimento de um "supra-Camões", anunciador do "supra-Portugal de amanhã", do qual a obra dos navegadores foi "obscuro e carnal antearremedo"; previa uma organização social que obedeceria a uma fórmula nova, de lusitana origem, altíssima em sentimento religioso, diferente das organizações vulgarmente ditas "democráticas". Essas formas "democráticas" – incluídos nela o socialismo e o anarquismo – seriam varridas da realidade e mesmo do sonho nacional.

Naquela ocasião, considerava que ser monárquico era "ser traidor à alma nacional", mas se declarava "intransigente inimigo do republicanismo atual". Em outra ocasião, chegou a desejar uma "monarquia científica", ansiando pelo aparecimento de um "Rei-média".

Sentindo-se isolado, parecia ter maior facilidade de se aproximar das coisas da natureza do que dos seres humanos. Seu heterônimo Álvaro de Campos escreveu: "Sou mais irmão de uma árvore do que de um operário". Creio que esse é um dos versos mais irritantes já escritos na literatura portuguesa.

Pouco antes de morrer, na nota editorial que escreveu para a publicação do poema dedicado a Sidonio Pais, o poeta assim definia suas convicções políticas:

> Considera que o sistema monárquico seria o mais próprio para uma nação organicamente imperial como é Portugal. Considera, ao mesmo tempo, a Monarquia completamente inviável em Portugal. Por isso, a haver um plebiscito entre regimes votaria, embora com pena, pela República.

E concluía:

> Conservador do estilo inglês, isto é, liberal dentro do conservantismo, e absolutamente anti-reacionário.

No mesmo texto, declarou-se anticomunista e anti-socialista. Tudo indica, entretanto, que o poeta conhecia mal a ação e as idéias dessas forças políticas. Álvaro de Campos, num poema famoso, cruzando na rua com um mendigo, dá-lhe tudo quanto tinha, "exceto, naturalmente, o que estava na algibeira, onde trago mais dinheiro". E classifica seu gesto como "largo, liberal e moscovita".

Mais adiante o inquieto heterônimo condena a inquietação dos socialistas e comunistas, dizendo que ela era algo tão "estúpido como um Dostoiévski ou um Górki". Pela junção de nomes politicamente tão díspares, pode-se ter uma idéia do quanto o poeta estava desinformado.

Não é nosso objetivo, contudo, submeter o pensamento político do cidadão Fernando Pessoa a uma análise crítica. O que pretendemos fazer aqui é uma abordagem da dimensão em que se poderia falar de realismo na poesia de Fernando Pessoa (e que não é, sem dúvida, a dimensão política).

IV

Retomemos, então, a questão inicial. Convenhamos: é muito difícil encontrar algum realismo na perspectiva de um poeta que escreve: "Que é o mundo? Uma ilusão vista e sentida".

Esse não é um verso isolado. O heterônimo Álvaro de Campos indaga: "Então, todo o mundo é símbolo e magia?". E responde: "Se calhar, é... E por que não há de ser?".

Para Álvaro de Campos, a vida prática, o trabalho, as relações com os outros constituem uma vida falsa. A vida verdadeira é aquela que foi sonhada na infância e à qual o sujeito permaneça fiel. Em suas palavras:

> Temos todos duas vidas:
> A verdadeira, que é a que sonhamos na infância
> E que continuamos sonhando, adultos, num substrato de névoa;
> A falsa, que é a que vivemos em convivência com outros,
> Que é a prática, a útil,
> Aquela em que acabam por nos meter num caixão.

O pessimismo se concentrou na obra "ortônima" e nos poemas do veemente heterônimo Álvaro de Campos. A decepção com o cristianismo lhe causa profundos estragos. Num poeminha intitulado "Natal" estão os seguintes versos: "Nasce um Deus. Outros morrem. A verdade/ Nem veio nem se foi: o Erro mudou./ Temos agora uma outra Eternidade./ E era sempre melhor o que passou".

E em Álvaro de Campos, a conclusão negativa, mais drástica do que a do famoso "Poema em linha reta": "viver é não conseguir".

V

Retomemos, então, o conceito de realismo. Lukács dizia que toda *grande arte* é realista. Em todas as obras de arte que alcançam esse nível superior de recriação, há uma contribuição mais ou menos universal ao autoconhecimento da humanidade. É o que se constata na leitura de *Dom Quixote*, de Miguel de Cervantes; dos sonetos de Camões; das peças de Shakespeare; de *Gargantua*, de Rabelais; de *Tristram Shandy*, Sterne; do *Pai Goriot*, de Balzac; de *O vermelho e o negro*, de Stendhal; do *Fausto* de Goethe,e do *Fausto* de Thomas Mann; e de tantas outras obras-primas. Cada uma delas remete, de maneira diferente, a uma realidade diferente. Em cada uma delas, determinada realidade humana é representada como uma *totalidade intensiva*, quer dizer, é revelada na sua essência, por meio de bem-sucedidos artifícios da aparência. e truques da linguagem. Em todas elas há um movimento universalizador, tanto na percepção da realidade como na expressão do que foi percebido. E a determinação do que é essencial na realidade percebida é simultaneamente universal e singular.

A essência do real, na grande arte, remete a um ser social amplo, que só pode ser alcançado pelos caminhos de um humanismo positivo, que em princípio não nega o caráter sócio-histórico da práxis humana.

Vimos como em Balzac o realismo assumia características por assim dizer clássicas, já que os movimentos dos seus personagens remetiam direta e inequivocamente aos movimentos da sociedade francesa do reinado de Luís Filipe e os momentos mais marcantes da narrativa combinavam interesse, imaginação e verossimilhança.

Se há realismo na poesia de Fernando Pessoa, o sentido do conceito não pode ser o mesmo do conceito clássico que encontramos em Balzac.

Qual poderia ser considerada a essência da realidade na poesia de Fernando Pessoa? Uma resposta possível a essa pergunta seria a de que o poeta percebe em toda a sua extensão, em toda a sua profundidade, a crise do pensamento individualista-rebelde, hegemônico entre os intelectuais ocidentais.

Excluída a opção revolucionária-socialista (que jamais foi cogitada), Fernando Pessoa perseverou na postura insubmissa, que lhe servia de plataforma para a rebeldia solitária. O mundo à sua volta sofreu os horrores da Primeira Guerra Mundial e se preparava para os horrores ainda maiores da Segunda Guerra Mundial. Paralelamente ao crescimento da indústria cultural, processava-se a mercantilização da vida, a retórica esvaziava os valores éticos, o relativismo levava à superficialidade, o oportunismo acirrava a hipocrisia, esse era o quadro que Fernando Pessoa via.

O melhor amigo de Pessoa, Sá-Carneiro, poeta notável, deprimido, suicidou-se. Os conhecidos se declaravam vencedores, campeões, recitando o discurso correspondente à ideologia do *curriculum vitae* e evitando reconhecer as derrotas e os fracassos que constituiriam o *curriculum mortis*.

Se tivesse escrito um romance, ou uma peça de teatro, transformando seus heterônimos em personagens, Fernando Pessoa poderia sentir-se pressionado esteticamente no sentido de um humanismo positivo. Não lhe seria difícil, se tivesse vontade (coisa muito improvável): bastaria narrar as ações humanas de Caeiro, Reis e Campos e os obstáculos com que eles haveriam de se defrontar ao se insurgir contra as mazelas da realidade social, e ele, com a comprovada capacidade de expressão que possuía, seria realista.

Na poesia, esse caminho é inviável. O elenco das mazelas da realidade social não conferiria maior densidade ao trio dos heterônimos nem abalaria os leitores. O leitor de poemas é mais vulnerável às contradições subjetivas internas das pessoas do que ao relato das aventuras e desventuras do "herói problemático".

A essência da realidade na poesia de Fernando Pessoa talvez seja, afinal, efetivamente, a crise ética, que ao longo do século XX assumiu proporções tão gigantescas.

É possível que a unidade na diversidade – o conjunto das obras dos heterônimos e de Pessoa – se deva ao pessimismo radical dos quatro, à recusa de alimentar qualquer esperança em qualquer iniciativa. Walter Benjamin, grande crítico alemão, contemporâneo de Pessoa (eles não se conheceram), dizia que a esperança só nos é dada em função da existência de indivíduos desesperançados. Pessoa é mais drástico e menos inclinado a acolher e partilhar esperanças.

A poesia não podia se limitar à constatação da gravidade da crise ética. A realidade verdadeiramente humana estava invertida; sua representação poética, para Fernando Pessoa, necessitava de uma total inversão. O poeta, independentemente da sua intenção, investiu sobre (contra) a ordem/desordem do mundo. Declarando o mundo irreal, ele captava e exprimia negativamente a essência da sua realidade. A atividade de criação artística evitou que ele vivesse "em casa/ contente com o seu lar". Proclamou: "ser descontente é ser homem". Embora tenha dito que agir, para ele, era violentar-se, agia. Embora tenha recomendado que não pensassem, pensava.

Sua poesia, afinal, talvez tenha um caráter humanista virado pelo avesso, talvez tenha posto o realismo de cabeça para baixo (de algum modo, renovando-o), com a intenção de sacudir os leitores, produzindo por meio da beleza surpreendente e da provocação inesperada um enorme impacto sobre a sensibilidade de quem o lê.

São idéias que precisam ser desenvolvidas, aprofundadas.

Uma coisa, porém, é certa: se toda grande arte é realista, então a poesia de Fernando Pessoa é realista. Porque – não há como negar – a poesia de Fernando Pessoa é *grande arte*.

Chegamos, então, a uma situação sumamente contraditória. Pessoa não pode ser realista no sentido que costuma ser dado ao termo pelos teóricos que citamos ao longo deste trabalho. E, sendo grande arte, não pode deixar de ser realista.

Relendo os poemas de Pessoa, lembrei-me de um pequeno trecho do romance *Doutor Fausto*, de Thomas Mann. O compositor Adrian Leverkuhn, gênio musical, está enlouquecendo, paralelamente à desgraça de seu país, a Alemanha, dirigida por Hitler. Adrian resolve compor uma cantata sinfônica que seja uma espécie de anti-Beethoven, uma expressão de aflição total, isenta de humanismo, completamente sem esperanças. Seu amigo e biógrafo Serenus Zeitblon registra o efeito surpreendente da obra, quando o compositor a executou: "Silêncio e noite. Mas o som, suspenso do silêncio, o som que não existia mais, que só podia ser ouvido pela alma, e que era o ponto final da aflição, mudara de sentido e passara a ser como uma luz na noite"[5].

Tive a sensação de que a poesia de Fernando Pessoa me proporcionou uma experiência análoga à de Zeitblon. Quando cada poema acabava de ser lido, a onda de negativismo passava e o que dela permanecia eram manifestações de uma rebeldia individual que mudava de sentido, que impunha ao leitor que procurasse trilhar seus próprios caminhos, que travasse suas próprias brigas. A beleza dos versos transformava-os em pequenas "luzes na noite". Seriam as luzes do *realismo*?

---

[5] Thomas Mann, *Doktor Faustus* (Berlim, Fischer, 1963), p. 526. [Ed. bras.: *Doutor Fausto*, Rio de Janeiro, Nova Fronteira, 2000.]

Ilustração de Bertall, do personagem Goriot, de *Le Père Goriot*, (Paris, Furne, 1843, t. IX, p. 325).

Conclusões

Quais as conclusões que poderíamos extrair de uma leitura das páginas precedentes? Qual o futuro da literatura? O que acontecerá com o conceito de realismo? Uma concepção de realismo que se apóie numa perspectiva ontológica pode nos ajudar a pensar, de maneira abrangente, os problemas da arte, em todos os níveis em que eles se manifestam, sem desprezar realizações bem-sucedidas, "pequenas" ou "grandes", sem recusar o reconhecimento da especificidade dos valores estéticos e sem ignorar o diálogo que nos propõem as obras-primas.

Duas coisas o autor deste livro julga ter aprendido com o italiano Antonio Gramsci. A primeira é a de que cabe ao ponto de vista mais avançado ser também o mais abrangente. E a segunda é a de que as previsões são parte do projeto atual de quem as faz, referem-se ao presente (e não ao futuro). Vale a pena transcrever os dois textos do filósofo italiano:

> (...) é absurdo pensar numa previsão puramente "objetiva". Quem prevê, na realidade, tem um "programa", que quer ver triunfar.[1]

> Na discussão científica, já que se supõe que o interesse seja a pesquisa da verdade e o progresso da ciência, demonstra ser mais avançado do ponto de vista de que o adversário pode expressar uma exigência que deva ser incorporada, ainda que como momento subordinado, na sua própria construção. Compreender e valorizar com realismo a posição e as razões do adversário (e o adversário é, em alguns casos, todo

---

[1] Antonio Gramsci, *Cadernos do cárcere,* trad. Carlos Nelson Coutinho, Marco Aurélio Nogueira e Luiz Sergio Henriques (Rio de Janeiro, Civilização Brasileira, 1999), v. 3, p. 342.

o pensamento passado) significa justamente estar liberto da prisão das ideologias (no sentido pejorativo, de cego fanatismo ideológico), isto é, significa colocar-se em um ponto de vista "crítico", o único fecundo na pesquisa científica.[2]

Começamos com algumas considerações a respeito de determinados gêneros literários: a poesia (lírica), o romance, o teatro, o ensaio, a crônica e as cartas. Outros gêneros mereciam ser abordados (a comédia; peças radiofônicas; roteiros e textos elaborados para filmes etc.). Como eles envolvem temas que vão além do campo da *poética* e tocam em questões *estéticas*, envolvendo imagens e sons, não foram incluídos neste livro.

Poderíamos ter abordado também as histórias em quadrinhos (HQ), gênero bastante divertido, mas não estamos convencidos de que elas possam se elevar a um nível estético-gnosiológico capaz de lhes permitir participar das vicissitudes da grande arte (o que, vale a pena sublinhar, não as desqualifica nem lhes tira legitimidade como produto cultural)[3].

A poética do século XXI pode preservar, com inegável proveito, a força de numerosos conceitos e categorias do filósofo marxista húngaro Georg Lukács. A segunda parte do livro, dedicada a anotações sobre o conceito de realismo, relembra idéias de outros teóricos importantes, mas presta uma homenagem especial às concepções de Lukács. Em todo caso, o arsenal lukacsiano precisa ser aproveitado com certo cuidado.

Uma poética de inspiração marxista, no século XXI, vai se defrontar certamente com situações cada vez mais complicadas, com desafios cada vez mais duros. Exigências do campo de batalha político-cultural tornam aconselhável uma flexibilidade teórica maior do que aquela que encontramos ao longo do século XX.

Convém advertir, entretanto, que essa flexibilidade não significa necessariamente frouxidão conceitual, inconsistência, concessões múltiplas ao

---

[2] Ibidem, v. 1, p. 333.

[3] Sobre as histórias em quadrinhos, leia-se, do desenhista Duc, *L'art de la BD* (Paris, Glénat, 1985). E em português o livro *Literatura em quadrinhos no Brasil*, de Moacy Cirne, Álvaro de Moya, Otacílio d'Assunção e Naumim Aizen (Rio de Janeiro, Nova Fronteira, 2002). Álvaro de Moya é também o autor de *História da história em quadrinhos* (Porto Alegre, L&PM, 1986).

ecletismo. Quando as condições alcançadas pelo trabalho teórico ainda são reconhecidamente insatisfatórias, melhor do que se instalar em construções sistemáticas é adotar uma postura de modéstia metodológica nas buscas em andamento.

Não se pode tolerar o intolerável. Pode-se, contudo, ser tolerante em relação a muita coisa, pode-se conviver com divergências e evitar "castigos". Maria Elisa Cevasco, recordando o marxista britânico Raymond Williams, cita uma ótima frase dele: "Não sendo membros de uma igreja, não devemos nos preocupar com heresias"[4].

Se o amplo movimento dos socialistas conseguir preservar sua pluralidade, sua unidade na ação, sem recorrer às disposições simplificadoras assumidas em nome do "partido único", os que se dispõem a participar da ação poderão escolher o lugar de onde pretendem intervir organizadamente. E, na avaliação de eventuais divergências, mudarão de posição, sem ser "excomungados". Ser-lhes-á reconhecido, mediante negociação, espaço razoável para atuar e para expor suas idéias, ainda que elas sejam incômodas.

No romance *Criação*, o escritor norte-americano Gore Vidal imagina uma situação, na Grécia antiga, na qual o embaixador do Império Persa em Atenas comparece a uma sessão da Assembléia (a *Bulê*) e depois, às gargalhadas, informa ao seu imperador que os atenienses eram os inventores do sistema político mais maluco do mundo: a tal democracia. Um sistema no qual todos os chatos tinham o direito de falar e os outros tinham de ouvi-los e discutir com eles. Havia na incompreensão do persa uma certa verdade inegável: a democracia depende da sua capacidade de dar liberdade aos chatos.

A magnífica Rosa Luxemburgo dizia: "Liberdade é sempre a liberdade de quem pensa diferente". Parodiando a grande revolucionária, poderíamos dizer: "A democracia depende de os chatos terem seus direitos assegurados, divergindo de nós".

O presente livro não discute essa concepção; discute apenas o conceito de realismo, a necessidade de não enquadrá-lo em alguma doutrina, de não impô-lo aos dissidentes.

---

[4] Maria Elisa Cevasco, *Para ler Raymond Williams* (São Paulo, Paz e Terra, 2001), p. 137.

Ilustração de Bertall, do personagem Birotteau, de *César Birotteau*, (Paris, Furne, 1844, t. X, p. 190).

Obras do autor

Marxismo e alienação (Rio de Janeiro, Civilização Brasileira, 1965).

Kafka, vida e obra (Rio de Janeiro, Paz e Terra, 1966).

Os marxistas e a arte (Rio de Janeiro, Civilização Brasileira, 1967).

Marx, vida e obra (Rio de Janeiro, Paz e Terra, 1968).

Introdução ao fascismo (São Paulo, Graal, 1977).

A democracia e os comunistas no Brasil (São Paulo, Graal, 1980).

Lukács (Porto Alegre, L&PM, 1980).

O que é dialética (São Paulo, Brasiliense, 1981).

Barão de Itararé, o humorista da democracia (São Paulo, Brasiliense, 1982).

O marxismo na batalha das idéias (Rio de Janeiro, Nova Fronteira, 1984).

A derrota da dialética (Rio de Janeiro, Campus, 1987).

Walter Benjamin, o marxismo da melancolia (Rio de Janeiro, Campus, 1988).

Hegel, a razão quase enlouquecida (Rio de Janeiro, Campus, 1989).

Intelectuais brasileiros e marxismo (Belo Horizonte, Oficina de Livros, 1991).

O futuro da filosofia da práxis (Rio de Janeiro, Paz e Terra, 1992).

Flora Tristan (Rio de Janeiro, Relume-Dumará, 1994).

Bartolomeu (Rio de Janeiro, Relume-Dumará, 1995).

As idéias socialistas no Brasil (São Paulo, Moderna, 1996).

A poesia de Brecht e a história (Rio de Janeiro, Zahar, 1996).

Fourier, o socialismo do prazer (Rio de Janeiro, Civilização Brasileira, 1998).

O indivíduo no socialismo (com colaboração de Frei Betto, São Paulo, Fundação Perseu Abramo, 1999).

A morte de Rimbaud (São Paulo, Companhia das Letras, 1999).

Os sofrimentos do "homem burguês" (São Paulo, Senac, 2000).

A questão da ideologia (São Paulo, Companhia das Letras, 2000).

Sobre o amor (São Paulo, Boitempo Editorial, 2007).

Em torno de Marx (São Paulo, Boitempo Editorial, 2010).

Nota biográfica

Leandro Konder nasceu em 1936, em Petrópolis (RJ), filho de Yone e Valério Konder (médico e líder comunista). Formou-se em Direito em 1958 pela Universidade Federal do Rio de Janeiro e foi advogado trabalhista até o golpe militar de 1964. Preso e torturado em 1970, Konder exilou-se em 1972, primeiro na Alemanha e depois na França; regressou ao Brasil em 1978. Doutorou-se em Filosofia em 1987 no Instituto de Filosofia e Ciências Sociais da UFRJ. É professor no Departamento de Educação da PUC/RJ e no Departamento de História da UFF. Tem vasta produção intelectual como conferencista, articulista de jornais, ensaísta e ficcionista.

Em 2002 foi eleito o Intelectual do Ano pelo Fórum do Rio de Janeiro, da UERJ. É um dos maiores estudiosos do marxismo no país.

Alguns dos livros escritos por Georg Lukács (1885-1971), incluindo títulos sobre Goethe, Balzac, Stendhal, Zola e Nietzsche.

ESTA OBRA FOI COMPOSTA EM AGaramond, CORPO
11, TÍTULOS EM Trajan E REIMPRESSA EM PAPEL
Avena 80 G/M² PELA GRÁFICA Forma Certa, PARA
A Boitempo, EM ABRIL DE 2025, COM TIRAGEM DE
50 EXEMPLARES.